中国折扇

◎ 主编 金开诚

◎ 编著 孙浩宇

夏娱

吉林出版集团

吉林文史出版社

图书在版编目（CIP）数据

中国折扇 / 金开诚著. —— 长春：吉林文史出版社，2011.11（2023.4重印）
（中国文化知识读本）
ISBN 978-7-5472-0918-9

Ⅰ. ①中… Ⅱ. ①金… Ⅲ. ①扇－介绍－中国
Ⅳ. ①K875.2

中国版本图书馆CIP数据核字（2011）第226542号

中国折扇

ZHONGGUO ZHESHAN

主编/ 金开诚 编著/孙浩宇　夏娱
项目负责/崔博华　责任编辑/崔博华　王文亮
责任校对/王文亮　装帧设计/李岩冰　董晓丽
出版发行/吉林出版集团有限责任公司　吉林文史出版社
地址/长春市福祉大路5788号　邮编/130000
印刷/天津市天玺印务有限公司
版次/2011年11月第1版　印次/2023年4月第3次印刷
开本/660mm×915mm　1/16
印张/9　字数/30千
书号/ISBN 978-7-5472-0918-9
定价/34.80元

前 言

　　文化是一种社会现象，是人类物质文明和精神文明有机融合的产物；同时又是一种历史现象，是社会的历史沉积。当今世界，随着经济全球化进程的加快，人们也越来越重视本民族的文化。我们只有加强对本民族文化的继承和创新，才能更好地弘扬民族精神，增强民族凝聚力。历史经验告诉我们，任何一个民族要想屹立于世界民族之林，必须具有自尊、自信、自强的民族意识。文化是维系一个民族生存和发展的强大动力。一个民族的存在依赖文化，文化的解体就是一个民族的消亡。

　　随着我国综合国力的日益强大，广大民众对重塑民族自尊心和自豪感的愿望日益迫切。作为民族大家庭中的一员，将源远流长、博大精深的中国文化继承并传播给广大群众，特别是青年一代，是我们出版人义不容辞的责任。

　　本套丛书是由吉林文史出版社组织国内知名专家学者编写的一套旨在传播中华五千年优秀传统文化，提高全民文化修养的大型知识读本。该书在深入挖掘和整理中华优秀传统文化成果的同时，结合社会发展，注入了时代精神。书中优美生动的文字、简明通俗的语言、图文并茂的形式，把中国文化中的物态文化、制度文化、行为文化、精神文化等知识要点全面展示给读者。点点滴滴的文化知识仿佛颗颗繁星，组成了灿烂辉煌的中国文化的天穹。

　　希望本书能为弘扬中华五千年优秀传统文化、增强各民族团结、构建社会主义和谐社会尽一份绵薄之力，也坚信我们的中华民族一定能够早日实现伟大复兴！

目录

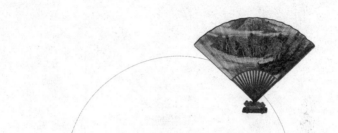

一、折扇的前世今生

"中国折扇的日本缘"——忆前世，看今生

说到一个物件，首先必须要交代"它是什么"、"它是怎么来的"、"它与我们现在的生活有着怎样的联系"等一系列问题。正如谈到"中国折扇"，不可避免地要论一论"折扇的起源"，说一说"折扇的构成"，评一评"折扇的发展"……

(一) 折扇的起源

1.在折扇之前——源远流长的中国扇文化

我国历来有"制扇王国"的美称。扇子，最早称翣，《小雅·广服》中有"大扇谓之翣"；《周礼·巾车》中有"有翣羽盖"，特指古代仪仗中用来抵御风尘的大掌扇。扇子起源于我国的远古时代，从考古资料推测，扇子的应用至少不晚于新石器时代陶器出现之后，在我国已有三千多年的历史。在漫长的历史长河中，我国扇子的种类和用途都在不断地演变，扇文化也成为中华民族文化的一个重要的组成部分。

我国扇子的种类繁多，就材质而言，可分为羽毛扇、藤编扇、麦秆扇、牛骨扇、青竹扇、芭蕉扇等；就样式而言，可分为波折式、尖头式、和尚头、如意头、螳螂腿等；就工艺而言，又有檀香扇、火画扇、绫绢扇、黑纸扇、夏布扇等中国名扇。

下面以朝代为顺序，让我们来领略我国扇文化发展的有趣历史。

虞舜时期的"五明扇"——晋代崔豹《古今注·舆服》中有"五明扇，舜所作也"，相传，舜王为了广开视听求贤自辅，曾制作五明扇。"五"代表东、西、南、北、中五个方向，"五明"意即广达圣明。舜帝在巡幸各方时，招纳贤人来辅佐自己，所用的即是一种被称作"五明扇"的障扇。五明扇从秦至汉都在沿用，张打此扇就

是在向外界表明吸纳贤才的主张；随着时间的推移，五明扇逐渐演变成为王侯公卿使用的一种仪仗扇，到了魏晋之时更是演变成为彰显皇帝权威的皇家专用物品。

殷周时期的"翟扇"——殷周时期，人们用雄雉绚丽斑斓的长尾制成了"翟扇"，并在此基础上出现了长柄的"雉扇"，作为一种仪仗饰物，由持者高擎着为帝王障尘蔽日，是帝王身份和权力的象征。据考古发现，四川成都出土的战国金银错铜壶上的奴隶手执的长柄扇，是目前我国发现的较早的扇子图像，其扇面形状犹如一件展开的鸟尾，另一件则酷似尖形叶片。据晋王嘉《拾遗记》云，周昭王时涂休国献青凤、丹鹊，盛夏时周昭王派人用其翅、尾之羽制成"游飘"、"条翮"、"兮光"、"仄影"四把名扇，"轻风四散，泠然自凉"，可以说是"翟扇"的最早发明。

两汉时期的"团扇"——乐府《相和歌辞·楚调曲》有一首《团扇诗》,相传为汉成帝早年宠信的班婕妤所作。诗云:"新裂齐纨素,鲜洁如霜雪。裁为合欢扇,团团似明月。出入君怀袖,动摇微风发。常恐秋节至,凉飙夺炎热。弃捐箧笥中,恩情中道绝。"这应该是最早咏叹"团扇"的诗作,可见两汉时期"团扇"的流行。

魏晋时期的"麈尾扇"——相传,麈是一种大鹿,麈与群鹿同行,麈尾摇动,可以指挥群鹿的行向。古人将麈的尾巴装入木柄之中,制成的一种类似羽毛的毛扇就是麈尾。其形如树叶,下部靠柄端处为平直状,所谓"员(圆)上天形,平地势",副以长毫,便能"毫际起风流"。晋陆机《羽扇赋》云:"大夫宋玉、唐勒侍,皆操白鹤之羽以为扇,诸侯掩麈尾而笑。"魏晋清谈家喜好手执麈尾谈论时事,领导群伦,也是取义于此。相传,"麈

尾扇"是由梁简文帝萧纲始创，其形近于
麈尾的简化，固定式样是在纨扇上加鹿
尾巴两小撮。

隋唐时期的"纨扇"——作为对两汉
"团扇"发展的隋唐时期的"纨扇"，是
以竹木为骨架，用薄质丝绸、素绢绷制而
成。纨扇又称宫扇、合欢扇，有时也称作
团扇。颜色多为白色、泥金或瓷青色；形
状有圆形、海棠形、梅花形、葵花形、六
角形、八角形等多种。由于纨扇形状各
异，做工精致，常为闺阁侍女所喜爱，且
具备了寄托情感和愁思的象征意义。唐
代刘禹锡的《相和歌辞·团扇郎》写道：
"团扇复团扇，奉君清暑殿。秋风入庭
树，从此不相见。"借扇咏人，刻画出少
女对情郎依依的思念之情。

宋元时期的"折扇"——宋元时期，
折扇开始流行。由于其开合自如，携带方
便的特点，常被文人雅士用来挥毫泼墨，
抒发情怀。社会上画扇、卖扇、藏扇之风

盛行；甚至还出现了专画扇面的画商和字铺，促使中国制扇工艺的迅速发展。明清以后民间制作的扇子品种更加丰富，加工工艺也更加精巧，折扇进入全盛时期。折扇甚至常被皇帝作为赏赐送给嫔妃和亲信臣僚。皇室及大量文人、画家对折扇的喜爱，使折扇成为一种实用且高雅的艺术品。

我国的扇文化不仅体现在制扇工艺的精湛与多样，更体现在文人雅士对扇子的喜爱与赋咏。而小小扇子，其众多的别称和雅称，也为扇文化增添了一缕清新、别致之感。

"摇风"——摇动扇子便可生风拂暑祛热，故古人别称扇子为"摇风"。唐代雍裕之《题蒲葵扇》诗写道："倾心曾向日，在手幸摇风。羡尔逢提握，知名自谢公。"

"凉友"——因扇子能为人们带来夏日中的丝丝凉意，故古人又别称其为

"凉友"。宋·陶穀《清异录·器具》中有："商山馆中窗颊上有八句诗云：'净君扫浮尘，凉友招清风……'不知何人作，是帚与扇明矣。"

"仁风"——相传，晋代袁宏为东阳守，谢安授以扇赠行，宏答曰："辄当奉扬仁风，慰彼黎庶。"此后，"仁风"便作为扇的雅称。

"便面"——便面本是古时用来遮面的扇状物。《汉书·张敞传》有："（敞）使御史驱，自以便面拊马。"后来也称团扇、折扇为"便面"、"障面"。《清诗别裁集》吴绮《见人扇头是友沂绝句怆然和之》："只令便面春风在，曾向章台拂柳花。"

"屏面"——《汉书·王莽传》："后常翳云母屏面，非亲近莫得见也。"《注》："即便面，盖扇之类也。"陆游《杜社祷晴有应》："数峰缥缈如屏面，一浦涟漪作簟纹。"

"圆轻"——团扇的别称。唐代黄滔《去扇》诗中有云:"已知秦女升仙态,休把圆轻隔牡丹。"

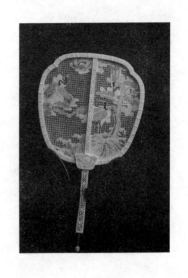

"怀袖雅物"——扇子与传统的诗词、书画、雕刻等艺术结缘,发展成为一种独特的艺术品。扇子小巧精致,折扇等都能折叠成"袖中藏物",这便成为扇子的雅称。

2.折扇起源说——悠久的东北亚文化交流

说到"折扇的起源之争",我们有必要回顾一下悠久、多样的东北亚历史文化交流。东北亚地区作为古代人类文明的一个重要的发祥地,具有其独一无二的特色。东北亚主要指中国、朝鲜(这主要从古代历史角度,所以不单列韩国)、日本,同时也是"折扇起源之争"的三方,由于社会发展水平相对接近、地理风土环境相对一致的因素,很早便形成了以中国为中心的经济文化交流圈。

中国、朝鲜、日本三国在历史上的接触和交流与世界其他地区的地域交流迥然不同，具有如下鲜明的特点：

一是悠久性，根据有关考古资料记载，中日间的交流可追溯到远古的旧石器时代。中国最悠久的地理名著《山海经》上就有"朝鲜在列阳东，海北山南"的记载；二是广泛性，中、朝、日三国接触和交流的领域十分广泛，从广义上来说便是文化交流，即制度、政治、经济、文化等全方位的交流；三是持续性，虽然在特定的时期三国间的交流和接触的频度有所不同，但从总体来看，接触和交流依旧是主流，断交只是历史长河中的昙花一现；

四是多样性，其交流方式有官方的往来、民间的寺院、留学生交流、贸易上的"朝贡"等官方贸易、民间贸易、个人贸易等，其形式多种多样；五

是规模大，作为官方贸易，众所周知"朝贡"和"回赐"的规模庞大。《高丽史》上记载高丽文宗时期宋朝商人先后往来37次，其中24次是团体商行，最多时人数达71名，最少也有25名。

因为以上原因，三国的文化相融相生，具体到个别事物的起源很难辨清哪个是真正的母文化，"折扇起源"这个问题也如此：

"朝鲜起源说"——南宋赵彦卫《云麓满钞》中："今人用折叠扇……盖出自于高丽（朝鲜）。"其他古代文献也表明，高丽使臣以折叠扇为私人礼品赠送中国官员，是其传入中国的一个重要途径；而高丽的绘画折扇始自北宋时期便传入了中国。另外，当时日本曾附属于高丽，由高丽赠与中国的折扇很有可能是当时高丽国仿造日本的折扇。

"日本起源说"——折扇之

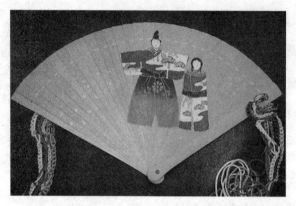

名始见于宋代，而我国宋代以来很多文献都指出折扇产自日本。北宋著名诗人苏辙的《杨主簿日本扇》诗中"扇从日本来，风非日本风"的诗句就是一例。但日本的折扇是由中国的团扇改良而来。日本平安时代初期便有了折扇，第一把折扇是用桧树薄片缝制而成，因此也称为桧扇；也是在平安时代，日本的桧扇通过贸易途径传入中国，很快就被中国人接受，并开始大规模制造折扇。

"中国起源说"——折扇在我国的发展过程中曾拥有多种名称。相关学者认为，折扇在我国晋代时就已出现，名为"叠扇"。有诗为证：《乐府诗集》晋诗中《夏歌二十首》中的第五首有云："叠扇放床上，企想远风来。轻袖佛华妆，窈窕登高台。"

隋唐两朝，折扇大概没什么发展（也许正是在这个国际交往频繁的时期，折扇开始传播到日本等邻国），以致自北宋起，当日本等国精美的折扇源源不断流入中国后，相对简陋的中国折扇反而无人问津了，这就是为什么南宋以来史家多以为折扇是舶来品的原因。

相信在有重量级的文物出土之前，折扇起源之争还会继续，"如何界定第一把折扇的形制"也是折扇研究专家需要思考的一个问题。即使折扇真的是舶来品，我们也不应否认我国古代工匠们对折扇技艺的创新，不应否认我国古代艺术家对折扇的喜爱以及对折扇艺术的贡献，不应否认折扇已是我国传统文化不可分割的一部分。从传统看，东亚文化共属于汉文化圈，遥想宋代苏辙那句"扇从日本来，风非日本风……但执日本扇，风来自无穷"，我们不难看出中国文化的主导性正是因为我们民族的包容意识和坦荡胸怀，而小小折扇正是一个有趣的折射。

（二）折扇的构成

中国传统折扇的构成，大致可分为面、大骨、小骨、头、扇钉、沿边等几个部分，并附以扇坠、扇架、扇箍、扇套、扇盒、扇匣、扇箱、扇柜等，附属品之多彰显出古人对折扇的喜爱与尊重。下面，本文将对折扇基本构成——扇面、扇骨及扇坠作简要介绍，以展示我国折扇技艺的精湛及折扇文化的精深。

1. 扇面讲规整

扇面是清风徐来的主要载体，为了使持扇者在感受到丝丝凉

意的同时不失文雅，我国古代制扇
师傅们在有限的工作条件下，
仅凭手上的感觉以及多年的制
扇经验，制作出一幅幅经受住
时间检验的上乘扇面。

　　手工制作出一把精品的折扇，
最基本的要求就是规整，做到了这一点，
才能进行后面的步骤，而规整恰恰是最
难的。首先是折好后上顶为标准方形，端
端正正，沿边和每一折棱边都要整齐划
一，档孔居中或统一偏侧；其次是开合自
然，硬度、厚度、韧度、光洁度等平和适
中，符合人意；再次是胶矾石蜡等工艺处
理，不偏不倚，不滑不滞，恰处最佳书画
状态。达到了这三点要求的扇面才是合
格的扇面。

　　就材质来讲，纸扇面占有了折扇扇面
的绝大部分，其中包括宣纸、牛皮纸、漆
纸等一般材质，也有以高纯度桑蚕丝缎
面合成的纸张等特殊材质。除此之外，也

有绢、丝绸、棉布等其他材质；更有少数直接以扇骨制材料如象牙、牛角、紫檀、楠木等珍贵材料制作的，往往这些珍贵材质的扇面也是收藏家的至爱。

就工艺而言，纸扇面分为有色扇面和白色"素面"两类。除白面外，有色扇面中以金扇面最讲究、最复杂，也最受人欢迎；另外，还有格景、柿青、上青、湖色、珊瑚等其他种类的有色扇面也颇受欢迎，可惜大多数品种至今已失传。

下面，我们来看一下有色扇面中金扇面的制作工艺。

就金扇面而言，就有泥金、屑金、洒金、冷金等不同的制作技术，当中的制作手法也各不相同。其中，泥金在我国唐代开元、天宝时期就已被使用。泥金的制作工艺是从金箔开始的，首先要把黄金打成金箔，金箔要薄要烂，这样制作出的泥金才够细腻。如《吴县志》中记载，苏州金箔制作，又俗称"红飞金"，每张三寸三分见方。每两黄金能制2319张；并有"大赤"、"佛赤"和"田赤"三种深淡各异的色彩。又根据《芥子园画传》的记述，泥金制法，是以手指蘸胶将金箔粘入碟内，用第二指团团磨拓而成。总之，泥金是将金箔或金粉和胶成泥状，故名"泥金"；用它涂饰在白扇面上，便制作成了泥金扇面。

而屑金、洒金、冷金等, 和泥金的区别仅是工艺上的不同。例如, 先在扇面上施胶, 然后将金箔以小片密集状洒上扇面, 成雨夹雪洒金面, 称为"屑金"或"雨金"; 以大片分布在扇面上如雪片者, 称为"片金"或"洒金"; 全部布满金者, 称为"冷金"; 一面是冷金, 一面是白面的, 则称之为"半金"……在各个时期的各个扇庄, 虽然大概的技术均是如此, 但具体的制作工艺却各有特色。因此, 对当时知名扇庄制作出的金扇面称呼也不相同, 譬如"韵松堂拣制全特加重赤泥"、"九华堂宝记监制元赤冷"、"王星记制品杭半赤冷"等, 仅从称呼上就彰显出各种制扇技艺的特色之处。

2.扇骨论材质

折扇的扇骨如同两扇门, 最早进入人们的视线, 也最先受到人们的观赏和品评。折扇两端的两片扇骨

为"大骨"，大骨间的若干骨为"小骨"，大、小骨的数目之和即是折扇的"档数"。在历史发展过程中，折扇的档数不等。其中，十六档扇骨是清代至民国年间最为流行的一种规格，它尺寸适中，开度完美（展开后呈140度角），使用舒适，故在百余年间流行不衰，获得了最为普遍的赞誉。

从古至今，扇骨在用材上特别讲究，几乎囊括了"竹木牙角"在内的人类可以开发利用到的所有珍材奇料。清《杖扇新录》曰："骨用湘妃、桃丝、乌木、檀香、象牙、玳瑁、一切珍奇之品。"

竹为扇骨的首选之材，扇骨涉及的竹子种类较多，名贵品种如下：

湘妃竹，因竹上斑点衍如泪痕，又称"泪竹"。上好的湘妃竹竹面洁净，底子蜜黄，斑点大小适中、清晰，斑内有明显轮廓。湘妃竹是作扇骨的绝佳材料，其竹本身丝纹缕缕，彩影斑斓，花斑点点，有

天成之美。

梅鹿竹，民间又称"眉禄"，取"眉寿福禄"之意，同为斑竹的一种。上有兽皮斑状的斑痕，斑纹似繁花盛放，疏密自然相映成趣。梅鹿竹的斑通常高或平于竹地，上好的梅鹿竹较为稀少。

棕竹，亦称"棕榈竹"，常绿丛生灌木，叶形略似棕榈而得名。棕竹颜色深，带有黑条纹，乍一看，也像是黑色之中有深黄色的条纹，因纹理细、柔软性好而常用制扇骨。现代折扇中杭州高档黑折扇的扇骨皆由棕竹制作，称"金棕"。

佛肚竹，又称"罗汉竹"，是一种较为特殊的竹材，它以奇特的自然形状颇得古今文人雅士的青睐，是制作扇骨的上佳材料。这种竹子节距近，且不规则，近竹节的地方突然凸起，好像大肚弥勒佛的肚子，故称佛肚竹。

名贵木材也是制作扇骨的重要材料，上好的木制扇骨，其观赏价值、收藏价值

也是很高的, 名贵品种如下:

紫檀木, 紫檀木虽然是木中极品, 与扇骨有着密不可分的关系, 但紫檀木一直不是制作扇骨的最好材料。紫檀木一般用于扇骨的装饰, 如玉竹扇骨, 在其"头型"处给予装饰, 起到黑白分明和画龙点睛的效果。

乌木, 木材黑色, 重硬细致, 是制作扇骨最常见、最主要的木质材料。乌木扇骨经过加工打磨, 又黑又亮, 颇可玩味。从古至今, 乌木扇骨多用于男扇的制作, 造型上直肩方根多, 有肩的少。最常见的是乌木与其他材质配合, 如乌木大骨、玉竹或棕竹小骨。

檀香木, 在古董市场和折扇方面, 檀香木仅指白檀木。用檀香木制作扇骨一般以十六档居多。檀香木自身纹理细腻, 制成的扇骨也肌理光滑、清香宜人; 不仅令人心旷神怡, 还可防止虫蛀, 保护

扇面。材质上乘的檀香扇骨细密平滑，以素面居多，若雕刻反而有"少女搽粉"之嫌。

牙角，泛指兽牙、兽角，被用来制作扇骨的牙角主要有象牙、兽骨、玳瑁等。下面将一一介绍。

象牙，象牙色调柔和，质地细密，宜于施雕，是最为名贵的扇骨材料。象牙扇骨存世较多，以九寸以上的大扇为贵，具有精美雕工的象牙骨更是价值连城。象牙也可做小骨，为了省料，常将穿入扇面部分易为竹子等其他材质；也常与乌木、紫檀相配使用，形成颜色反差，从而带给人视觉上的变化与美感。

兽骨，兽骨一般是指牛骨和骆驼骨。经过漂白、磨光、上蜡等加工程序后制成的扇骨，粗看上去与象牙骨相仿，因而常被不识货者认作牙骨。兽骨即便经过磨光处理，依然赶不上象牙光洁，且表面布满了微小的砂点和鬃眼，俗称"骨眼"，这是骨料的特征。此外，兽骨的比重小于象牙，掂在手中有轻、飘之感，而象牙在手中掂拭则有重压感。

玳瑁，玳瑁是一种大型海龟，产于我国黄海、东海、南海及热带、亚热带沿海。以其背甲制作的扇骨称为玳瑁骨，质似牛角，平滑光洁，有呈半透明状的褐色与淡黄色相间的花纹。玳瑁骨有一定韧度，常用做小骨，并与象牙大骨相配，雍容华贵，在清代十分盛行。

3.端尾考细节

除了扇面、扇骨以外，折扇的扇头、扇钉、扇坠等也有颇多讲究。越是制作精美的折扇，就越是少不了对上述三者的考究。下面将分别进行介绍：

扇头，"扇头"是指扇骨的聚头处，即

折扇手执的柄部，也称"端"。虽然扇头位于扇骨的末端，其造型也是变化多端、风貌各异。可以说，扇头的造型在折扇中是最具特色与魅力的，制扇师傅们在方寸之地施展想象，不断创新，进而衍生出一部独具中国特色的扇头演化史。据苏州文博系统的老专家们的研究成果，各时代典型的、具有代表性的扇头如下：元代的"正元头"；明代初期的"玉兰方头"、"燕尾头"，中期的"古方头"、"古圆头"，晚期的"开肩细马蹬方头"、"花鼓圆头"；清代初期的"米式小头"、"马牙头"、"扇圆头"，中期的"翻轮瓶式头"、"葫芦圆头"，晚期的"平面竹节方

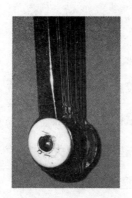

头"、"方头竹根头"；自民国以来的"蜻
蜓式头"、"大钩如意头"，等等，真可谓
是种类繁多，"各擅其巧"。

　　扇钉，小小的扇钉，对一柄精骨名画
扇显得至关重要，起到"画龙点睛"的作
用；扇子的开合均以扇钉为轴，可以说，
扇钉是"扇骨尾部之枢纽工序"。扇钉主
要分为牛角钉、铜钉、银泡钉三种。其中，
牛角钉最为常用，其材质既硬又有韧性，
耐磨耐用，不伤扇骨；铜钉、银泡钉多见
于北方，其材质较硬，易于损坏扇骨，常
用在尺寸较大的乌木扇骨和紫檀扇骨
上。扇钉的基本流程是打眼、贯钉，再用

火烫加帽。一般采用"钳烫"和"钻烫"方法, 制作出"鼠眼", 俗称"一粒椒"、梅花等多种花式出现。比较上乘的制作手法, 为了点缀扇骨, 会在鼠眼上加上螺盖。还有更为讲究的, 将一些面积较大的扇头, 如松枝圆头、花鼓圆头、葫芦圆头等, 在其大骨头部外, 用各种图形的翡翠、玉石或金银的薄片进行镶嵌, 而后再进行烫钉。使螺盖与镶嵌物达到或相映成趣, 或画龙点睛, 或浑然一体的视觉美感。

扇坠, 扇坠是悬挂于折扇扇头下方的装饰物, 一般用玉、石、珊瑚、玛瑙、象牙等雕成。扇坠有三个特点: 一是小巧, 几乎每一扇坠, 长不过寸许 (3cm左右), 重不过四钱 (15g左右), 以便在纸扇下悬挂和随身携带; 二是精致, 由于扇坠小巧, 雕刻难度较大, 但雕刻得都颇为精细; 三是吉祥, 扇坠上所雕刻的图案, 均为吉祥图案, 大多与持扇人的爱好有关。明

《幢涌小品》："世庙初年，勋辅诸臣同游。赐画扇，有木刻海榴瞿坠子。可汁许，空其腹，藏象刻物件凡一百件，示天下绝巧也。"从中可见在嘉靖初年，扇坠作为时尚玩物已进入宫廷成为御赐之品。在清代，在纸扇上加上扇坠既可作为一种装饰，又可用来表明自己身份的高贵。扇坠的表现题材也多种多样，如：玉雕福禄封侯扇坠，图案是一只猴子攀爬在一个硕大的葫芦上，由于葫芦的发音近似"福禄"，猴与"侯"同音，故名"福禄封侯"；又如：珊瑚雕寿星扇坠，以红珊瑚雕刻而成，是一位阔额长须、眉开眼笑、和蔼慈祥的寿星形象，寓意长寿和吉祥。

（三）折扇的发展

1.中国五大名扇

相传，在明代永乐年间，折扇由朝鲜国入贡。明成祖爱其收放自如、携带方便，便命内务府大量制作，并在扇面上题诗赋词，分赠于大臣。由此，也开启了折扇在中国的流行趋势。明清时期，是中国折扇的大发展时期，折扇制作在全国范围内均有分布，以地名、人名著称的就有杭扇、曹扇、川扇、青阳扇等繁多的名目，且扇骨、扇面的制作日趋精良，名家辈出。

苏州檀香扇，苏州折扇，宋时已有，至明代间闻名，清代以后遍销南北。苏州折扇中，尤以檀香扇最为著名。檀香扇由竹折扇演变而来，始创于明清，其用料极为讲究：所用檀香木必须香味醇正，色泽黄，纹理平顺无疵；扇面所用丝绢，须经过加矾处理，使其雪白匀净；有色绢面，则要经过特殊炼染，使色质透明度纯真，经久不变。在扇骨的技巧上，檀香扇通过拉花、烫花、画花来显现。艺人

们能在扇面、扇骨以及在窄小的扇边上脱手绘出各种戏剧人物、历史故事以及山水花鸟，足见其技艺高超。苏州折扇小巧玲珑、携带方便、折撒自如，可谓一扇在手，香溢四座；挥扇拂暑，清新解热。

杭州黑纸扇，杭州折扇自古就有"杭州雅扇"的美称。南宋时期，杭州的折扇生产极盛，"扇子巷"就是制扇作坊集中之地，巷名沿用至今。当时生产的折扇就有细画绢扇、细色纸扇、影花扇、藏香扇、漏尘扇等多个品种。现在的王星记扇厂由清光绪六年王星斋所创，王星斋夫妻制成的黑纸扇，在国际博览会上屡屡获奖。黑纸扇的用料、工序都极其考究，扇面以纯桑皮纸为材料，两面涂以柿漆，再经过糊面、折面、上色、整形、砂磨、整理等八十六道工序精加工而成。故具有雨淋不透、日晒不翘、经久耐用的特点；既可拂暑取凉，又可遮阳避雨。真可谓是"一把扇子半把伞"。

岳州豹花扇，岳州扇始于明末清初之际，指岳阳、洪湖地区所生产的折扇。岳州折扇艺术风格有其独特之处，扇面绘画技法以中国画为基础，有工笔画和写意画等，情趣高雅，实用与观赏并重。岳州折扇有34道制作工序，按工艺分为生胎、熟胎、扇面三大类。生产折扇所用的材料选用本地三年以上生长的毛竹和优质宣纸，全扇做工精细，扇边骨雕刻有深胎（阴刻）、浮雕（阳刻）之分，给人以古朴凝重、稚拙率真之感。最为著名的是

"国漆斑花"（亦称"豹花"）折扇，以著名的"毛坝漆"作为扇骨涂料，由熟练技工用炉火精心烤制，使花纹斑点自然连锁，生动精美，光亮如镜，别具风格。

金陵剪纸扇，南京古称金陵，简称宁，故金陵折扇又称"宁扇"。早在宋代，南京制扇业就已远近闻名。现今南京秦淮河的岸边仍保留着"扇骨营"的古老地名。明清是金陵折扇发展的鼎盛时期，为提高扇子的品位，不少折扇的大骨皆采用全雕刻工艺，所镌刻花鸟玲珑有致，山水风景精致高雅。当时扇骨雕刻十分流行，并形成了以竹刻名家李耀、濮仲谦等为代表的"金陵派"竹刻。1965年，在江苏江阴县明墓中出土一把饰有剪纸的折扇。对光观看，但见两层棉筋纸间夹裱的一幅"梅鹊报春图"的剪纸。梅花枝分左右，中间站一喜鹊，周围饰有万字纹、龟背纹和云纹的花边。可谓扇艺与剪纸的完美结合。

荣昌夏布扇，重庆市荣昌县原隶属于四川省，因此，荣昌折扇在历史上也被称为"川扇"。据明《万历野获编》记载："聚骨扇自吴制之外，惟川扇称佳。"说明四川生产折扇的历史也很悠久，在明代已可与苏杭折扇相提并论了。历史上的荣昌折扇，造型外圆内方，朴实雅致，轻盈灵巧，制作工艺精湛，颇受文人雅士欢迎。荣昌夏布与荣昌折扇同属于"荣昌四宝"。荣昌夏布生产工艺起源于明末清初，纯天然全手工的夏布编织工艺已被列为国家非物质文化遗产保护项目。近年来荣昌夏布被首创用于制作折扇扇面，其制品古朴凝重，典雅秀丽，人们竞相收藏，或作礼品馈赠亲朋。

2.折扇的传承现状

当历史的时钟走到了改革开放初期，人们的生活方式发生了急剧变化，而电扇和空调的出现使折扇在人们日常生活中的重要性急剧下降。因此，作为中国传统文化精髓的折扇文化也逐渐萎缩成为"小众文化"，甚至是"博物馆文化"。虽然在折扇文化传承的过程中，各派名家几分坚守，几分挣扎，一些传统工艺已濒于失传。可喜的是，随着近些年来国人文化意识和传承意识的提升，尽管折扇文化的传承现状不太乐观，一些知名折扇已成功入选了国家级非物质遗产，古

老的折扇文化正散发出蓬勃的生机。

苏州——折扇研究巨著《怀袖雅物》

2010年7—8月，由中国民间文艺家协会、国家大剧院、江苏省文学艺术界联合会共同主办的中国（苏州）折扇艺术展在国家大剧院举行。活动以"弘扬中华文明，提升文化软实力"为宗旨，以"清风徐来"为主题，向世界展示中国（苏州）折扇艺术的臻美，向世界展示中华文明的成就。

此次活动参展的物品多为明清两代所留传世珍品，包括了四百幅扇面（含"明四家"作品、状元扇）、四百余种扇骨、二百余种扇刻以及一百种扇袋、扇坠、扇箱。活动期间，主办方特邀请制扇工艺传承人作现场表演制扇工艺，让参观者近距离地深入了解制扇的整个过程；还邀请了众多学者、专家、民间收藏爱好者共同研究探讨苏州折扇的保护与传承。

　　展览会上，苏州折扇的集大成研究巨作《怀袖雅物》也进行了全球同步签售首发。该书共分为"通释"、"扇骨"、"扇刻"、"扇面"、"苏州竹人录·文钞"等五卷，以平实、确凿、简练的文风，以真实、雅致、精美的图式，全面展现了明清以来苏州折扇在材质、造型、雕刻技艺、扇面艺术的全貌，力图表现苏扇自明代以来六个世纪的发展历程，是迄今最权威、最完整的苏扇艺术集成，填补了中国折扇工艺史、艺术史、文化史研究方面的空白。

　　杭州——百年老号王星记扇子

　　王星记扇子是杭州市的百年老字号扇子生产厂家，和浙江丝绸、龙井茶并称"杭产三绝"。王星记扇庄由王兴斋于清光绪元年（1875年）创办，原名王星斋扇庄。王星斋与其妻陈英（同为制扇高手，擅长真金回泥花色黑扇贴花手艺），可谓夫唱妇随，制作的黑纸扇深为人爱，常常被浙江巡抚作为特产礼物进贡给朝廷，故王星记扇子被誉为"贡扇"。王星记第二代掌门人王子清，自幼喜好制扇，深得父母家传；且思维敏捷，深知王星记只有不断创新发展，才能传之久远，遂聘请能人担任王星记的经理管理扇庄。经过王家两代人的不懈努力，加上制扇工人的刻苦钻研，终于创制出了代表传统制扇较高水平的黑纸描金扇，扇面以金粉书写或绘画，成为千百年来中国文人雅扇中的一朵奇葩。

南京——坚守的折扇艺人王克礼

金陵折扇是南京独有的一个地方工艺品牌，曾经一度天下扬名。在历史上，南京栖霞龙潭和石埠桥一带是金陵折扇重要的生产中心之一，但是如今，生产折

扇的作坊和掌握金陵折扇传统工艺的老艺人已经寥若晨星了。

有关部门在近几年的民间艺术资源普查中发现，南京栖霞区甘家巷陈家边40号仍然有一家生产"金陵折扇"的作坊——金陵·王记扇庄。扇庄的主人就是当年金陵工艺折扇厂的技术骨干王克礼。王师傅1961年进厂，当时只有13岁，他先后跟王荣兴、戴春焕等制扇高手学徒，掌握制扇整个工艺。由于他勤学好问，刻苦钻研，很快就成为厂里的技术骨干，担任了厂里的造型设计师，直到1989年离厂。后来，王师傅重操旧业办起了扇庄。谈到扇庄今后的发展时，王师傅不无担忧地说："'金陵折扇'流传至今已600多年，目前南京真正做金陵折扇的就我一个人了，我也慢慢老了，眼看这门手艺无人继承，心里十分着急，老祖宗为我们留下的这份财富要是丢了太可惜了！"

二、折扇的艺术

"排筼贴楮缀南金，舒卷乘时巧思深"——展精巧，流艺韵

中国是一个文化大国，而折扇在其发展过程中，与不同的文化形式进行了深入的结合，形成了各种既有的文化定式，也生成了不同的艺术形式。下面让我们依次走进扇面 "书画艺术"、"雕刻艺术"、"把玩艺术"、"收藏艺术"的世界。

（一）扇面的书画艺术

书画同源不同流

《历代名画记》中谈论古文字、图画的起源时说："是时也，书、画同体而未分，象制肇创而犹略，无以传其意，故有书；无以见其形，故有画。"在中国五千年文明璀璨的历史长河中，中国书画正如一株双生的姊妹花，虽同源，却以一定的互补性独立地发展着，在中国文化艺术领域中傲然绽放。

扇面画是独具一格的书画形式，存

字和画的扇子，保持原样的叫成扇，为便于收藏而装裱成册页的称扇面。由于折扇甚为文人雅士所喜爱，因此，小小的扇面自然也走进了书画大家的视野，成为其挥毫泼墨的又一载体和阵地。自古以来，折扇艺术催生了许多著名的扇面书画大家；同时，扇面也被冠以"浓缩的书画艺术"的雅称。

"诗书画印"相辉映

扇面作为艺术品始于宋代，北宋时已有人在纸面折扇上题诗作画。由于宋元时期流行团扇，用折扇的人不多，而折

扇又是易损日用品，所以流传下来的实物极为稀少。最初，扇面上多有书而无画，因文人都能书法，但爱书法者未必能作画。随着扇面书画艺术的发展、成熟，扇面逐渐演变成"诗、书、画、印"交相辉映的艺术形制。

明代中期，折扇书画逐渐流行起来。由于扇面的形状呈半圆弧形，因而其构图别具一格，形成妙趣横生的画境。无论是山水、人物、花鸟、走兽等"绘画"，还是诗词歌赋等"书法"，都可以创作出格调清新多变、布局错综纷繁的构图效果，从而突破了传统的绘画和书法模式，为中国书画史开辟了崭新的一页。

明代成化以后，扇面艺术进入辉煌时期，许多著名书画家（如仇英、沈周、兰瑛、唐寅、董其昌等），都在扇面上留

下了不朽的作品。这些扇面弥足珍贵，很
难觅得，不仅是中国书画艺术遗产的重
要组成部分，也成为艺术爱好者的最高
追寻目标。

书画配合成一统

扇面到清代又有了新发展。这一时
期名家辈出，作品形式多样，除继续表现
各家名派的个性艺术风格外，还流行双
人甚至多人联合创作，有夫妇合作、师生
合作、友人合作等多种形式。比如高翔画
的"梅花疏枝瘦朵"扇面，便由金农和陈
章题诗；乾隆的几柄消暑折扇，扇面的一
面由刘统勋题写书法，另一面由邹一桂画
兰花、蝴蝶，或蒋迁锡画牡丹花。其中由
双人合创"一字一画"扇面的
方式，后来被文人雅
士们广为仿效，
例如：梁启超
的书法扇面，由余
绍宋配画山水图；陈法琛的

书法扇面，由其弟子陈懋侗配画工笔折枝牡丹。有意思的是，"柯桥竹石图"扇面是由一位名家与其五个弟子联合创作，其配合默契，作品风格浑然一体，令人叫绝。民国以后，"一字一画"扇面的合作更为流行，此种形式一直沿袭至今。由于合作伙伴各自都有相当高的艺术修养，能够前呼后应、互为衬托，自然能够收到异曲同工的艺术效果。

扇面构图创新篇

从清代起，很多书画家在扇面构图上刻意创新，尤以山水画的构图有超常的突破。通常山水画的构图讲究"地平

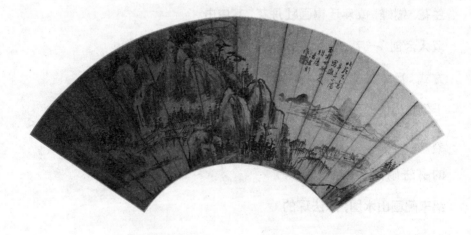

线",而扇面却是上宽下窄,且呈半圆形状,如果依然水平地处理地平线,则扇面下端的两角势必形成空白。为了使构图合理,景物自然,创作者们相继创立了满幅构图、边角构图和一河两岸构图的三种新章法。其中,满幅构图是让景物占大部分空间,整体感觉实多虚少,通常以描绘山景居多;边角构图是把主要景物集中在左侧或右侧的下角,或自左边或右边向下伸展,整体感觉虚多实少;一河两岸构图则主要是表现江河两岸风光,如一江春水或左右横穿,或上下直流,或斜向而泻。这三种构图形式为后来扇面山水画

的发展开辟了新篇章，很多画家创作了大量构图精妙、题材新颖、气势磅礴、风光秀丽的山水扇面佳作，深受历代藏家青睐。如袁江、王鉴、黄宾虹、张大千、冯超然等的山水扇面，在海内外书画市场被推崇为传世之作，极具保值增值意义。山水扇面的成就，对花鸟扇面的创新也颇有影响力，近现代画家高翔、王云、杨晋、任伯年、齐白石、傅抱石等都有格调清新的花鸟扇面问世，其同样走俏国内和国际市场。

近代名家传珍品

近现代著名书画家吴昌硕、齐白石等都在扇面上表现了自己的艺术风格，留下了不朽的艺术珍品。

清末海派大家吴昌硕的《牡丹书法成扇》作于1922年，画面中的牡丹花大叶茂，热烈张扬。小小的尺幅里，好像有无限的天地供其驰骋，信笔挥去，花叶正要撑破天地；戛然笔止，恰到好处。设色则兼顾到了扇骨与扇纸白里泛黄的影响，巧妙地把它们作为中间色加以利用，所以花虽红却不艳，叶再绿也不翠。右侧的行书更以大小不一的字形、长短错落的章法，使得整个画面停匀得当，生动活泼。

我国20世纪著名画家和书法篆刻家齐白石的扇面多为大写意，但扇画上的鱼虫、花鸟、蔬果无不精细形象，栩栩如生。齐白石的《雁来红草虫》中红叶与知了都画得非常精致，叶的颜色使用了写意法，对比强烈，透明感和质感很强；知了的肚子、翅膀及腿足的画法、笔性一致，都融入了写意法，韵味十足；整体感觉拙朴中见质感、雕刻味和动感，极为传神！

（二）扇骨的雕刻艺术

折扇中扇骨的文化内涵最为丰富，形

制古朴优美，幽雅别致；用材奇珍异宝，五光十色；装饰素净淡雅，赏心悦目；雕工巧夺天工，独辟蹊径，和扇面艺术交相辉映，犹如"红花绿叶"之美。扇骨长不盈尺，宽仅寸内，经妙思巧构和精技细艺，竟能造就成千变万化的艺术造型，呈现出千姿百态的艺术世界。尤其是扇骨雕刻技术，是在将近3毫米的厚度上作业完成的，难度系数非常之大；扇骨上所刻的山水人物，实际上就是一幅缩小了的山水画，所谓"一寸有千里之遥，一勺有湖泊之阔"，充分展示了雕刻艺人精湛的雕刻技巧。

扇骨式样

扇骨的式样由简而繁，花样层出不穷。主要经典款式如下："直式方头扇"，造型极简洁，为一长而窄的梯形，是最早出现的式样；"和尚头"，也叫"圆头"或"大圆头"，早在明代就已流行，因扇骨聚头处以扇钉为轴心成一圆球状，看似

和尚头而得名；"螳螂腿"，此款式扇骨
因大骨上面较粗、下面很细，形状颇似螳
螂腿而得名，其最大的特点是轻便适手；
"波折式"，大小扇骨均做成波折式，相
邻两根扇骨的波峰、波谷相错，看似层层
波浪，动感十足；"细梢式"，插入扇面的
骨梢尖细，露在外面的部分宽而圆转，平
展后扇骨排列严密，不露缝隙，为秋扇的
特有款式。

制作手法

扇骨制作，首先讲究的是选材，以上
等竹木为常见材料，选好后要依据材料
的性质先进行一番处理，譬如说竹料，要
先经过煮、晒、劈、成型、烘烤等一系列
工艺，为扇骨的后期制作做准备。若是遇
到玉质、象牙或是上好的竹木类材料，也
可以将其制作成素面扇骨，扇骨的大骨面
上不加任何装饰和雕刻，以扇骨优美的
造型以及材质天然的花纹肌理成韵。

其次是打磨、漆骨，完成扇骨的光色

之美。打磨贵在天趣，如湘妃、斑竹等有一些天成之美的材料，本身就彩纹斑斓、花斑点点，再经过一番打磨，更是晶莹悦目、疏密自趣；漆骨妙在人工，通过给扇骨涂上各种色彩的漆，来弥补材料本身的不足，并通过素漆骨、绘画漆骨和雕刻漆骨等各种手法，使扇骨漆光闪烁，既五彩缤纷，又不失文静玉润之雅。

最后是雕刻、镶嵌，对扇骨进行装饰美化。雕刻是扇骨装饰中最普遍、最常见的手法，指在扇骨上雕刻成各种阴阳文字、山水人物、花卉禽兽等图案；镶嵌是指将骨、螺钿、银丝等材料嵌入扇骨，形成不同的纹饰效果，主要有直接嵌入法、漆内嵌入法两种手法，常见的有红木、乌木嵌银丝，竹骨镶贴檀香、镶嵌珠宝，涂漆扇骨嵌螺甸、象牙、兽骨等。

另外，还有将两种材料合在一起做

成一根扇骨的手法，叫"合骨"。如用乌木和竹合作小骨，象牙和兽骨合作大骨。合骨一般要遵循一个规律，即大骨内侧的材质要与小骨相同。如果扇骨的大骨为乌木，小骨为檀香木，那么，乌木大骨的内侧也一定要贴上檀香木。这点，也可作为鉴别扇骨是否为原配的一个根据。

扇骨竹刻

扇骨雕刻属于雕刻中的平面雕刻，又可分为阴刻和阳刻。一般而言，阴刻更讲究刀法，贵在用刀如笔；阳刻则更注重布局构图及造型。其中，阴刻中有单刀、双刀之分，单刀中又有深刻、浅刻之别。明清时浅刻颇受欢迎，民国以后颇重深刻。扇骨中的竹、木、牙、角都可施刀雕刻，但要在其上表现雕刻的综合完善艺术，非竹刻扇骨莫属。

竹刻扇骨，也称扇骨竹刻，历史悠久，据传唐、宋时代竹刻已很精致，明代以来，擅刻扇骨的竹刻名家已不乏其人。

明嘉靖至清乾隆年间，竹刻艺术的发展在江南一带达到高峰，形成嘉定、金陵两个中心，后人习称"嘉定派"和"金陵派"。嘉定三朱（朱松邻、朱小松、朱三松），可算是嘉定派的创始人；金陵派则以李耀和、濮仲谦等为代表。扇骨的雕刻越来越繁复，表现的手法也越来越多。下面我们来说说"阴刻"与"阳刻"。

"阴刻"，指在竹材上留下凹进去的划痕，又分为浅刻和深刻。其中，"浅刻"的刻痕很浅，往往需要在高光下才能看清刀痕。"毛雕"，是浅刻中的一种，也是竹刻工艺中难度最高的工艺之一，既要显示出雕刻内容的清晰，又要显现出雕刻的功力，民国后基本上已失传。"深刻"是阴刻中常见的表现手法，表现内容一般为树木山石、人物，刀法犀利，笔锋毕现；因其刻痕较深，宜于刻书法作品及勾勒法之画。

"阳刻"，指在竹材上留下凸起的形

状, 大致可分为留青; 薄地阳文、浅浮雕、高浮雕; 透雕等三类。其中,"留青", 又叫"皮雕", 是利用竹子表面的青筠颜色与竹肌颜色形成差异, 而形成的竹刻中一个新的品类;"薄地阳文"、"浅浮雕"、"高浮雕"分别代表雕刻深浅程度的不同, 本质上并无差异;"透雕"应用在扇骨上并不少见, 多是一些吉祥图案或是几何图形, 硬木中的透雕应该和减轻扇骨自身的重量有着直接的关系。

(三) 扇坠的把玩艺术

在阶级社会中, 一个人的身份地位往往彰显于其所拥有的附属品的数量和质量; 物件亦如此。正如, 自古君王爱美人, 于是美女就有了种类繁多的头饰、首饰、华美衣裳; 文人雅士爱折扇, 也为折扇配备了扇坠、扇架、扇套、扇盒等多种附属品, 以充分展示折扇的流韵之美, 以

及古人对折扇的重视保护程度。这其中，那一枚枚材质各异、做工精美、小巧精致、寓意吉祥的扇坠正是古人对折扇喜爱至极的写照。

短暂的历史 香艳回眸

从相关出土文物和古代文献考证，扇坠的历史非常短暂。明人谢肇淛所著《五杂俎·物部二》云："扇之有坠，唐前未闻，宋高宗宴大臣，见张循王扇有玉孩儿坠子，则当时有之矣。"扇坠大约在明清盛行，在明代中期，扇坠已作为时尚玩物进入宫廷，成为御赐之品，并在妃嫔仕女、文人雅士间流行起来。

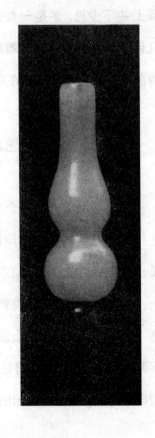

明代《幢涌小品》中有载："世庙初年，勋辅诸臣同游。赐画扇，有木刻海榴矍坠子。可汁许，空其腹，藏象刻物件凡一百件，示天下绝巧也。"在明代，上至君王大臣，下至文人雅士，都对扇坠喜爱有加。扇坠是由质地上好的香木，如伽南、沉香等，亦有用珍贵的白玉等材料，选取

人们喜闻乐见的题材，精雕细作而制成，其后用丝质或金质链与折扇相系连。

扇坠的广泛使用，使其成为明代笔记中的时尚之物。如明代文震亨在《长物志》中就曾谈到扇坠的用料，"扇坠宜用迦南、沉香为之，或汉玉小块及琥珀眼掠皆可。香串、缅茄之属，断不可用"。由此可见，首先扇坠的用料及其考究，以蜜结迦南为第一；其次是宋做旧玉的小饰件；再次为虎斑、金丝，各色玉新做的也算好；最后，琥珀、蜜蜡之类的扇坠，就是下品了。

到了清代后期，扇坠大多成了玩玉之人的腰间之物，扇柄上摇曳生姿的扇坠已经很少见了。目前流传下来的扇坠以玉制扇坠为主，明代十分流行的核桃扇坠也占有一定的比例。由于扇坠具有小巧精致、易收藏的特点，近年来在艺术品拍卖会中行情稳中有升，受到扇坠爱好者的热烈追捧。更有巧手之人以老红玉髓珠子自穿扇坠，也能卖出不错的价钱。

浓淡总相宜 爱情信物

宋人朱翌在《生查子·咏折叠扇》一词中曾有"莫解玉连环，怕作飞花坠"的句子，说的是扇坠是系于扇柄之饰物，扇坠和扇子的关系就如同夫妇一般，要形影不离才好。或许是受到此词的影响，或许是扇坠乃随身携带之物，在中国民俗文化发展的长河中，人们逐渐赋予了扇坠一种代表个人情愫的象征意义，这种情愫可以是同性或异性朋友间淡淡的喜欢，大多数时候则是一段段或甜蜜或悲戚的男女间的爱情。明代文言短篇小说《剪灯新话·渭塘奇遇记》中就有"女以紫金碧甸指环赠生，生解水晶双鱼扇坠

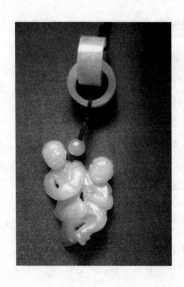

酬之"的记载。

在我国民间传说及话本中，从来不乏那一段段或缠绵悱恻或感天动地的爱情故事；而在这些耳熟能详的故事中，作为定情之物的扇坠占有重要的地位。透过一枚枚玲珑有致的扇坠，我们似乎回到了当年的所在，感受到那流转千年的爱恨情仇。

苏州评弹之玉蜻蜓——相传，南浩富豪金贵升，夫妻关系不睦。金贵升私恋尼姑王智贞，以扇坠玉蜻蜓为信物相赠，并留宿庵中，不思归家，致智贞怀孕。谁知金贵升感染风寒，病死庵中。王智贞生一遗腹子，为徐家收养，改名徐元宰。后徐元宰中试。端午节，金大娘观看龙舟竞渡，偶见朱小溪之妹朱三姐扇子上系有玉蜻蜓，经查询，得血书。徐元宰得知自己生母为法华庵尼姑智贞，到庵堂认母。金大娘得知徐元宰系金氏之后，迫其复姓归宗，金、徐两家厅堂夺子，最后以徐

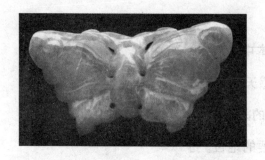

元宰兼祧金、徐两家香火，风波平息。

梁祝之玉蝴蝶扇坠——相传，青年学子梁山伯辞家攻读，途遇女扮男装的学子祝英台，两人一见如故，志趣相投，遂于草桥结拜为兄弟，后同到红罗山书院就读。在书院两人朝夕相处，感情日深。三年后，英台返家，山伯十八里相送，二人依依惜别。山伯经师母指点，带上英台留下的蝴蝶玉扇坠到祝家求婚遭拒，回家后悲愤交加，一病不起，不治身亡。英台闻山伯为己而死，悲痛欲绝。不久，马家前来迎娶，英台被迫出嫁，含愤上轿。行至山伯墓前，英台执意下轿，哭拜亡灵。在祝英台哀恸感应下，风雨雷电大作，坟墓爆裂，英台翩然跃入坟中，墓复合拢。风停雨霁，彩虹高悬，梁祝化为蝴蝶，在人间翩跹飞舞。

材质有不同 各色佳品

最主流扇坠之玉扇坠——玉器伴随中华民族走过了七千多年的历程，玉从很早就成为中华民族的集体潜意识的内在性格的一个组成部分。因此，将各色玉石制成形态各异的扇坠似乎在中国古人心中是一件顺理成章的事情。可谓天下玉扇坠之多，说不尽，道不完。《红楼梦》第一回中有："这块鲜莹明洁的石头，且又缩成扇坠一般，甚属可爱。"作者不用别的东西比喻通灵玉，而单单提出扇坠，除了玉和扇坠的天然联系外，还有什么深意呢？蔡元培先生在其《石头记索隐》一书中曾指出："扇者，史也。"他认为作者以二十把扇子隐指华夏二十四史；同时，作者根据女娲造华夏人，编造

女娲造玉, 也以玉隐指华夏人与华夏历史。在作者的用意中, 扇与玉同为华夏历史的标志物。而扇坠是扇子的标志物, 所以作者会用扇坠来比喻通灵玉。

最草根扇坠之"草里金"——在众多不同材质的扇坠中, 有一个类别的扇坠可谓是最具草根气息的, 那就是传说中的"草里金"扇坠。明代刘若愚所著的《明宫史·火集》中有关于"草里金"的描述: "仍有真正小葫芦如豌豆大者, 名曰'草里金', 二枚可值二三十两不等, 皆贵尚焉。"叶金寿《曼庵壶芦铭》中也有记载说: "小壶芦极难种, 有极小可为耳珰者, 一双值百余金。"由此可知, "草里金"乃是指特别特别小的小葫芦。为什么小葫芦制成的扇坠这么炙手可热? 这其中与"葫芦"的象征含义不无关系。首先, 葫芦与"福禄"谐音, 具有多子的自然属性, 多被赋予多子多福的美好祝愿, 象征着子孙万代"福禄寿"齐全。其次, 葫芦是吉礼、吉事中的吉器，将一只葫芦剖成一对瓢，以线相连用以饮酒合婚，古代称为"合卺"，象征新婚夫妻从此连为一体，所谓"合卺，夫妇之始也"。再次，葫芦的形态、性能和实用性，使人们赋予其繁衍、兴旺、富裕而又神秘的情感寄托，百姓赋予了葫芦"五福"的美好寓意，道观及佛庙也多以葫芦宝顶作为镇寺庙之灵宝。相信您看到这么多美好的寓意，不爱上小葫芦都很难呢！

最香艳扇坠之"香扇坠"——史上最著名的"扇坠"，却是鲜活的人间尤物。有"秦淮八艳"之称的李香君，因未及二八，丽过群芳，玲珑丰满，肌肤玉润，慧俊无双，天生异香，雅号即称"香扇坠"。由此可见，当时的文人雅士以及深闺名媛对扇坠的喜爱。李香君，又名李香，南京人，为秣陵教坊名妓。李香君与复社领袖侯方域交往，嫁与侯作妾。侯曾应允为被复社名士揭露和攻击而窘困的

阉党阮大铖排解，香君严辞让侯公子拒绝。阮又强逼香君嫁给漕抚田仰作妾，香君以死抗争，此时正值马、阮大捕东林党人，侯等被捕入狱，香君也被阮选送入宫。清军南下之后，侯方域降顺了清朝，香君之下落，众说纷纭。清初作家孔尚任以香侯之间的爱情故事为主线，历经十余年的苦心创作，三易其稿写成了一部传奇剧本《桃花扇》。

（四）折扇的收藏艺术

作为我国传统的文玩之物，折扇的使用价值随着风扇、空调设备的普及在逐渐消退；但其收藏价值却在不断提高，目前收藏市场的精品折扇价格连连走高，越来越多的人为折扇的工艺性、艺术性、文化性所迷。民间逐渐兴起了一股折扇热，甭管是不是精品扇，咱老百姓收藏的就是一股心气和喜好。

潜力股——折扇收藏渐升温

明清民国时代，夏秋之际，几乎人手一把扇子；文人商贾初次见面，折扇是重要的道具，往往打量一下手中宝贝，对方的身份、人品便能略知一二。精品折扇往往本身做工十分考究精良，同时又有名家题字作画于上，其本身的收藏价值是毋庸置疑的。近年来，随着折扇的艺术价值逐渐被人们认识，折扇收藏也脱离了

书画艺术品收藏自立门户，并不断细化为扇画、扇骨、成扇、扇套等若干收藏小门类。

扇画收藏——书画折扇在宋代开始流行，在明清两代达到鼎盛。目前年代久远的扇面书画，已可望而不可即。明代的折扇，无论书画家名头大小都是非常珍贵的；而清代的折扇只要品相完好，书画精到，也可不计名头入藏。在收藏界一向有"扇面一尺算两尺"的说法，由于扇面尺幅限制，要求画家胸有成"扇"时方能落笔；同一位画家同样题材的画作，一张扇面通常比一开册页作价要多一倍以上。明代仇英、文征明、沈周等名家尤其擅画扇面，清代的书画艺术家也无不涉足扇面书画。扇画收藏注重书画家名头大小和笔下功夫，还有流传性和品相。自从中国嘉德于1994年秋拍首推"中国扇画"专场以来，扇画就成为了书画投资中一个独特的门类。

扇骨收藏，前几年扇子收藏者重扇面轻扇骨，在一把成扇中，扇骨几乎不算钱；近年来，扇骨的艺术价值逐渐被人认识，因此行情不断向好。名家制作雕刻的扇骨拍卖价可高至数十万元。如果是名家制作的扇骨加名家绘画题字的扇面，其升值空间更大。扇骨的收藏，一看雕工，如雕工精细，又出自名家之手，当为珍品；二看材料，最贵重的当数象牙、紫檀，黄杨、桃丝、鸡翅木、佛肚竹等也是一流材料；三看规格，扇骨以大为贵，大股较窄的扇骨价格要低于大股较宽的"阔板"；四看款式，罕见的花式、双面贴、镶嵌式的扇骨价值要高于朴素无华的扇骨；五看年代，旧骨高于新骨，年代越久远价值越高；六看品相，无伤、无裂、无磨损、无经拆拼修理、品相完好的扇骨，其价值要高于同类品相差者好几倍。

扇套收藏，与扇骨相比，扇套则为一

般投资者所陌生，其实它也是折扇收藏的配套扇具之一。扇套从少数民族的腰袋演变而来，在清代广为流行，但并非系在腰上，而是作为名贵折扇的包装。扇套的面料多为绸缎，上面绣有花鸟、如意、福禄寿、暗八仙等图案，套口系有穿着木珠或玻璃珠、玛瑙等装饰物的丝带，五光十色又流金溢彩。

辨真身，折扇收藏见功力

由于在折扇收藏中常出现假冒仿制的情况，因此需要藏家平时必须多做功课，要了解各种折扇的特点，掌握各个时期折扇的基本特征。比如晚清时期的苏扇扇面多为7层宣纸，现在只用4层。同时对于各个艺术家的字体画风甚至印章等等都要有所了解，这样才能少上当的可能性。

收藏折扇，首先要对折扇的时代进行考证，作者进行确认。更要分清扇骨的年代和扇面年代，如书画扇，可以旧骨配新画，也可新骨旧画。因此，要从艺术和工艺两个方面进行析，对折扇进行鉴定。作为扇骨，要从质地手,竹、木、牙、角、漆等;然后从工艺上分造型的时代特征,雕琢、镌刻、髹漆的手段;再根据绘画、题款等,综合比较、辨认、确认。扇面的鉴定较复杂。著名书画鉴定家张珩说:"书画鉴定的主要依据是书画的时代风格和书画家的个人风格,辅助依据是印章、纸绢、题跋、收藏印、著录、装潢等。"书画扇的鉴定也是如此。

收藏书画扇子,除注重作者名气之外,还需审度扇画上的人物是否与故事情节相吻,山水是否具恢弘灵秀之气,花卉是否给人以娇艳滴之感,书法是否抑扬顿挫,气调和谐,飞白化恰到好处。此外,成扇扇骨精致与否,也接影响着其收藏价值,收藏者不可只求数量图质量。

重保护,折扇收藏有讲究

收藏中的保护——折扇的收藏,可分为成的收藏、扇骨的收藏和扇面的收藏。成扇的藏以扇套为多。扇骨的收藏,最好以集品为保存,十件一组做囊盒;长方形,内为硬嵌,

呈扇形展开排列。而扇面的保存，均裱册页或扇页为好，集锦成一册，折扇面则以推蓬装，上下翻，向上开版。一般扇面装裱均用挖镶法，扇面内窝，有利于扇面保护。藏家一般会将折扇存放在通风、湿度适中，并远离火苗的地方，要做到防火、防潮、防燥。大多数藏家会给每一把折扇都配上专用的扇盒或扇套。扇盒的材质十分讲究，盒身所用的材料大多是稀有的名贵木材，比如红木、小叶紫檀、黄花梨等；盒底则必选用樟木制作，因为樟木具有驱虫防蛀的功效。

使用时的保护——藏扇在日常使用中，最忌将藏品扇作为普通扇子使用，无所顾忌。具体来说，拿扇时，手要洗净，忌脏；开扇时，应该轻轻用手指捻开，而非用力甩开，忌损；扇子放在桌上时，应该大扇骨朝桌面，忌磨。另外，收藏者在展示自己的藏扇给同仁们欣赏时，观摩者应自觉戴上干净手套，防止汗渍；禁忌观摩时吃东西、吸烟，以防油渍污染；禁忌大声讲话，以防口水的污染；拿在手中端详时，忌脸部过分靠近藏品，以免口中、鼻中呼吸的气对其影响；观摩台上忌有茶水，饮料，一不小心，后悔莫及。

三、折扇的文化之一

"开合清风纸半张，随即舒卷岂寻常"——话逸事，数经典

（一）折扇与名人

古往今来，折扇与名人结下了不解之缘；纵观历史长河，随手便可拈来几段名人折扇的传闻逸事。这也从侧面说明了我国民众对折扇的喜爱之情，以及我国折扇文化的深入骨髓。

东坡行"扇"巧断案

北宋大书画家、大诗人苏东坡在杭州做县令时，曾做过这样一件善事：一日，苏东坡在县衙办公，忽闻堂下鼓声连连。于是将击鼓人传到堂前，问明何事。原来击鼓人曾借给制扇人两万枚大钱，还钱时间已到，但制扇人因为生意惨淡无钱可还，于是告上县衙，以求裁断。东坡听后，略加思索，计上心来，非但不

着急断案，还命制扇人取来二十把扇子。那制扇人自是战战兢兢，连忙去取。众人却被东坡弄得满头雾水，不知东坡葫芦里卖的是什么药。一盏茶时间，那制扇人抱着二十余把折扇前来回复东坡。只见东坡早已备好笔墨，在这把上题几个字，在那把上画几笔画，随意在扇上挥毫泼墨起来。顷刻间，书画完

毕, 东坡命制扇人带着扇子出门叫卖。没想到, 那人刚走出衙门, 折扇就被人以千钱高价全部买走。制扇人用所得的钱还清了债务, 与击鼓人一起谢过东坡, 乐颠颠地离开了衙门。

明代唐寅"戏"扇

唐寅, 字伯虎, 号六如居士、桃花庵主, 平生玩世不恭而又才华横溢, 擅长诗文, 与祝允明、文征明、徐祯卿并称为"江南四才子"; 画艺超群, 与沈周、文征明、仇英并称为"吴门四家"。这样一位风流倜傥的翩翩佳公子, 自然手中不离一把折扇, 自然也少不了发生和折扇有关的故事。

扇联是我国对联中的一朵奇葩, 古往今来, 有不少脍炙人口的咏扇诗, 也有不少情趣盎然的吟扇

联。如"有风不动无风动，不动无风动有风"，"却将妙质因风剪，为出新裁对月描"等，读来趣味别具一格，令人心旷神怡，不可不堪称妙联。一日唐伯虎与祝枝山路过乡野，看见一农夫在车水。祝枝山触景生情地吟出上联："水车车水，水随车，车停水止。"而唐伯虎也脱口对上下联："风扇扇风，风出扇，扇动风生。"可谓珠联璧合，浑然天成。

唐伯虎不仅吟诗作赋了得，画起扇画来更是老手。他的一幅题为"山居客至"的扇面题画备受后人称道，画面上展现的是一派清新的山野风光：绿树山峦，小溪

流水，两位长者相对而坐、侃侃而谈。画旁题诗云："红树黄茅野老家，日高山犬吠篱笆；合村会议无他事，定是人来借花时。"淡雅的诗句、秀美的行书和明丽的画境相得益彰，妙趣横生，可谓诗画绝配。

唐伯虎画艺超群，远近闻名。一天，有人故意为难他，重金请他在小小的扇面上画100只骆驼。唐伯虎二话没说就画了起来，只见他先画了一片沙漠，沙漠中间是一座孤峰，山下林茂路弯。那人一看，扇面快要满了还没见一只骆驼，得意地笑了。只见唐伯虎在山的左侧画了一只骆驼的后半身，前半身被山挡住了；在山的右侧，又画了一只骆驼的前半身。唐伯

虎把笔一搁，那人急了，说："不够一百只呀！"唐伯虎轻轻一笑，拿起笔在画旁题了一首诗："百只骆驼绕山走，九十八只在山后，尾驼露尾不见头，头驼露头出山沟。"不愧为一代才子，唐伯虎的机智幽默从中可见一斑。

胡刘合作"叛徒扇"

刘海粟，我国近现代画家、美术教育家，于1912年在上海创办现代中国第一所美术学校"上海国画美术院"，并出任校长。他首创男女同校，采用人体模特儿和旅行写生，被封建卫道士诬为"艺术叛徒"。胡适，现代著名学者、文学家、哲学家，新文化运动的主将之一、中国自由主义的先驱。他也因在新文化运动中极力提倡白话文，而被人称为"文学叛徒"。上海著名收藏家钱化佛先生，特意携了一柄折扇，先是求刘先生于扇的正面画山水，后又请胡先生于扇的反面题首诗，时人遂戏称此扇为"叛徒扇"。

"悲鸿生命"藏扇

我国现代杰出的画家和美术教育家徐悲鸿先生以画奔马闻名于世,但他所作的扇面花卉画,同样超逸群流。他曾为友人作扇画,枇杷数粒,圆润可喜,着三五叶,错落有致。画上题诗云:"明年定购香槟票,中得头标买枇杷。"生动活泼,诙谐风趣。相传,清代著名画家任伯年的精品扇面画作到了徐悲鸿手中,徐悲鸿对其爱不释手,还特地加盖上"悲鸿生命"那方意味深长的收藏印章。

齐白石与"扇头诗"

齐白石老先生喜欢在泥金扇面上作画。他所作的白茶花,尤其妍丽动人。白石老人还常作一些"扇头诗",以示愤世嫉俗。1930年夏季的某天,艳阳高照,天气炎热,人们挥汗如雨。度过67岁生日的齐白石老先生来到北平某照相馆,不顾盛夏酷暑,身穿皮马褂,手里拿着白折扇,照了一张相;并在白折扇上题词曰:

"挥扇可以消暑，着裘可以御寒。二者均须日日防，任世人笑我癫狂。"当时，陈列于照相馆的这张照片很快就传遍了京城。不少人都不理解，甚至议论纷纷："哪有既穿皮袄，又摇折扇的道理？"然而，许多有识之士从齐白石的"癫狂"里，看到他对当时社会世态炎凉的讥讽，也看到他知人与自知的大智慧："热"时，要防人趋炎附势；"凉"时，要防人落井下石。

老舍藏扇有名堂

老舍，原名舒庆春，字舍予，我国现代小说家、文学家、戏剧家。老舍喜欢收藏但起步比较晚，都是他50岁以后的事情。他的收藏原则很有个性：收与不收，全凭自己的喜好，并不管它们的文物价值；自己看着顺眼、喜欢，就买下来。清末民初，京戏舞台上涌现过一大批杰出的京剧表演艺术家，他们的名气极大，然而，知道他们之中多数都能画一手好画

的人却非常之少，他们遗留下来的作品也很难找到。这使老舍很兴奋，如果能收集一套名伶们的扇面，岂不有绝大的文物价值？这完全是一个新的系列！四大名旦——梅、程、尚、荀四位先生都会画画，可是老舍并不向他们求画，他自己去收集，费很大的劲儿去淘换，这是乐趣！然后，出其不意，向表演大师本人出示这些作品，看着他们惊讶的样子，老舍那份得意就甭提了。

梅兰芳的琴师有一次赠给老舍一把梅先生画的扇子。琴师说这把扇子有着非同寻常的经历，很有纪念意义。原来，梅先生演《晴雯撕扇》时，必在上台之前，亲笔精心画一张扇面，装上扇骨，带到台上去表演，然后当场撕掉。演一次，画一次，撕一次，成了规律。这位琴师后来索性等散了戏偷偷地把撕掉的扇子捡回来，请裱画师想办法贴好，送给老舍的那把就是这么捡回来的。老舍大为感动，为梅先生在艺术上的一丝不苟而赞叹不已。老舍多次向朋友们出示这把扇子，当然，还要动情地讲述梅先生画扇面的故事。

经过十几年的辛勤收集，老舍先生还收藏了100多位名伶的扇子。其中有王瑶卿、汪桂芬、陈德霖、奚啸伯、裘盛戎、叶盛兰、钱金福、姜妙香、俞振飞、侯喜瑞、李桂春、金仲仁、韩世昌、红豆馆主等位，足够开一个名伶扇画展。

"清风明月"奇扇

当代著名作家叶文玲书房的书橱中，有一把多人合作的书画扇格外引人注目。扇面上有当今几十位文化名人题写的字画和签名：绘画大师刘海粟题写的"清

风"二字,哲学家冯友兰题写的"明月"二字,漫画家华君武所绘的幽默画,剧作家曹禺的题诗,京剧名伶裴艳玲书写的"乱云崩石"四字等等。对于这把书画扇,叶文玲非常珍视,在她看来,冯友兰先生题写的"明月"与刘海粟大师题写的"清风",既是偶然巧合,更是珠联璧合的佳对。她曾风趣地对客人说:"有了'清风',又得'明月',清风明月载着一班文坛宿将,在壁上断然熠熠生辉。蒙他们的星光映照,我这个艺海学子,算得幸运到家了!"

"中国历代兵法"扇

扇面书法历史悠久,历代不少书法家都留有扇面书法佳作。如杭州艺人金岗于1991年就完成了《中国历代兵法选》的书写之作,在一把小小的黑纸扇上书写了15位杰出军事理论家军事著作98篇,共计8万多字,全属金粉书法,堪称工奇造化、世界之最。

围棋手独特"扇癖"

围棋和折扇都带有鲜明的东方传统文化色彩，深受东方文化浸润的中日韩棋手也是对折扇喜爱有加。无论是三九严寒还是酷暑盛夏，许多超级围棋棋手在对局时，总是离不开一把心爱的折扇；而折扇上由他们自己挥毫书写的题词也是别有情趣的。譬如说：聂卫平（中国棋圣）的"玄妙"，小林光一（日本棋圣）的"飞翔"，赵治勋（天元）的"云林之情"，加藤正夫（王座）的"仁寿"，藤泽秀行（名誉棋圣）的"行云流水"，大竹英雄（九段）的"洗心"，林海峰（九段）的"致知"，吴清源（九段）的"暗然而日章"，李昌镐（九段）的"诚意"等等。那犹如禅语般的短短数字，俨然已经成为棋手们的身份标志，不仅反映出棋手的个人喜好，也昭示出棋手们对围棋意境的不同领悟和解读。

除了热天解热之外，棋手们的扇子自

然还应有另外的妙用，陈祖德在他的名作《超越自我》中有过详尽说明：扇子的重要作用并非解热，而是在手中摆弄，把扇子一张一合，随着这种动作发出有节奏的噼啪声。"那富有节奏的噼啪声"的作用究竟在哪里？是用来安抚自己紧张的情绪？还是用来扰乱对手的心绪？总之，折扇是围棋手思考时不可或缺的道具，棋手们在其围棋生涯中也逐渐养成了不同的"扇癖"；一幕幕关于折扇的趣事曾经发生在围棋的赛场上，而且，一定会继续发生下去……

棋手在思考时都有摆弄折扇的习惯，这种下意识的动作会发出一定的声音破坏赛场的宁静，但大多数棋手都不会被其干扰，能达到充耳不闻的境地。不过，在多年前的一次日本名人战上，藤泽秀行和林海峰这两位围棋大师还因此差点闹出纠纷——随着盘面上越来越紧张的形势，林海峰手中的折扇在无意识中也越打越响。最终，藤泽先生是在忍不住喊了出来："真吵人！"被喊声吓了一跳的林先生这才醒悟过来，好脾气的他立即去换了把不出声音的女式折扇，两位棋手的矛盾才就此解决，心平气和地继续比赛。

在当今棋坛的高手中，最大限度地发挥扇子威力的当属日本棋手赵治勋。年轻时代的赵治勋开创性地开发出赛场上折扇的新功用——也许是受到《红楼梦》中晴雯的启发，赵棋手在紧急运转大脑的同时，养成了当着对手的面把扇子一条一条撕烂的怪癖。最初，人们面对赵棋手的新招，总是震撼不已；好在后来大家都司空见惯了。鉴于撕扇的成本过高，赵棋手的这一怪癖并没有持续很长时间，而是改成了撅火柴棍。后来，每逢有他参加的比赛，服务周到的日本棋院工作人员便会主动摆上几盒火柴，供老赵"消遣"。

（二）折扇与名著

中国文学各种文体齐备，诗歌、散文、词、戏曲、小说等无不涵盖，且各具时代特色，那么折扇与之有何关系呢？下面我们来看看自宋代起我国文学名著中折扇的俏丽身影，领略中国折扇独特的文学风情。

折扇与诗——"穆公赠扇，众友相和"

北宋年间，曾流传一段"穆公赠扇，众友相和"的佳话。穆父名勰，杭州临安人，历官中书舍人、工部户部侍郎等。宋代元祐元年（1086年），钱勰出使高丽归来，将所得高丽扇分别赠予了其好友张耒、苏轼和黄庭坚。这令三人兴奋不已，纷纷以诗抒情，留下了一组知名的唱和诗。其中，

张耒的《谢钱穆父惠高丽扇》诗云："三
韩使者文章公，东夷守臣亲扫宫。清严不
受橐中献，万里归来两松扇。六月长安汗
如洗，岂意落我怀袖里。中州剪就霜雪
纨，千年淳风古箕子。"小小折扇纳入怀
袖，欢喜之情自是溢于言表。自后，苏轼
和诗一首《和张耒高丽松扇》，有云："可
怜堂堂十八公，老死不入明光宫。万牛不
来难自献，裁作团团手中扇。屈身蒙垢君
一洗，挂名君家诗集里。犹胜汉宫悲婕
妤，网虫不见乘鸾子。"黄庭坚也分别作
了《戏和文潜谢穆父松扇》："猩毛束笔
鱼网纸，松枬织扇清相似。动摇怀袖风雨

来, 想见僧前落松子。张侯哦诗松韵寒,
六月火云蒸肉山。持赠小君聊一笑, 不须
射雉彀黄间。"以及《次韵钱穆父赠松
扇》:"银钩玉唾明茧纸, 松篁轻凉并送
似。可怜远度帻沟娄, 适堪今时襁褓子。
丈人玉立气高寒, 三韩持节见神山。合得
安期不死药, 使我蝉蜕尘埃间。"以表达
获赠折扇的喜悦之情, 及对好友赠扇的
感激之意。

折扇与词——《蝶恋花·聚骨扇》

流传至今的咏折扇的宋词, 最著名的
莫过于以下这首《蝶恋花·聚骨扇》:"几
股湘江龙骨瘦, 巧样翻腾, 叠作湘波皱。

金缕小钿花草斗，翠条更结同心扣。金殿珠帘闲永昼，一握清风，暂喜怀中透。忽听传宣颁急奏，轻轻褪入香罗袖。"

词的上片，生动传神地描绘了聚骨扇的形象。首句写制扇材料，湘妃、龙骨，足以想见聚骨扇的精美华贵；接着写扇子的式样，张开叠拢时有如水波起伏；"金缕"句点出扇面上所绣的花草争妍斗艳；"翠条"句写出扇骨聚头处规矩整齐。下片由扇及人，因物抒情，虽于"金殿"中地位显赫、日理万机，但也是忙里偷闲、怡然自乐；扇子微摇，清风入怀，正是喜不自胜之时，"忽听急奏"，也只能暂且将

闲适的心情收起来了。整首词玲珑剔透，蕴涵丰富，让人回味无穷，可谓是难得的佳作。

有趣的是，这首词的作者并不是宋朝的名士，而是位于今中国东北地区的金朝的皇帝金章宗完颜璟。金章宗的汉文化修养很高，据《癸辛杂识》记载："章宗凡嗜好、书札，悉效宣和，字画尤为逼真"，《书史会要》记载："章宗喜作字，专师宋徽宗瘦金书"，元代《唱论》中有"帝王知音者五人：唐玄宗、后唐庄宗、南唐后主、宋徽宗、金章宗"之说。另一方面，章宗推行宽松的思想、制度、政策、文化环境，鼓励和引导女真族人认同、接受和研习汉文化。

折扇与杂剧——"鸳鸯折扇定情，莺莺苦盼张生"

《西厢记》是元代著名杂剧作家王实甫的代表作，有"西厢记天下夺魁"的美誉。此剧以"愿普天下有情人都成眷属"为主题，描写了崔莺莺和张生之间曲折感人的爱情故事。从现存的元代木刻"西厢记"的插图中，我们仍能看到张生把玩折扇的形象；而他手中那把鸳鸯折扇，正是他与莺莺的定情之物。

唐贞元年间，前朝崔相国病逝，夫人郑氏带女儿莺莺、侍女红娘护相国灵柩回河北安葬。中途道路有阻，在河中府普救寺暂住。此时，河南洛阳书生张君瑞赴长安赶考，路过河中府，游览普救寺时与莺莺相遇，产生爱慕之情。一天晚上，莺莺同红娘在园中烧香祷告，张生隔墙高声吟诗一首："月色溶溶夜，花荫寂寂

春;如何临皓魄,不见月中人?"莺莺立即
和诗一首:"兰闺久寂寞,无事度芳春;
料得行吟者,应怜长叹人。"两人好感倍
增。

　　而此时,守桥叛将孙飞虎带兵围住寺
院,要抢莺莺为妻,崔夫人四处求救无
援,因而许愿:"谁有退兵计策,就把莺
莺嫁给谁。"张生挺身而出,写信求得好
友白马将军杜确相助,孙飞虎兵败被擒。
不料崔夫人言而无信,不肯把女儿嫁给
张生,只许二人以兄妹相称。张生因此致
病。在红娘出谋划策的帮助之下,莺莺于
深夜来到书斋看望张生,并与张生私订
了终身。

　　此事被崔夫人觉察,她怒气冲天,勉
强答应将莺莺许配给张生,但又逼迫张
生立即上京考试,如考不中,仍不把女儿
嫁给他。张生与莺莺惜别,上京应试,中
了头名状元。然而崔夫人侄儿郑恒造谣
说,张生已做了卫尚书女婿,逼崔夫人把

莺莺嫁给他。就在这时,张生回到普救寺,在白马将军的帮助下,揭穿了郑恒的阴谋,与莺莺喜结连理。

折扇与"三言"——"仁宗落扇,秀才圆梦"

"三言"为《喻世明言》、《警世通言》、《醒世恒言》的合称,是明代文学家冯梦龙对宋元话本、明代拟话本进行编辑修订而成的短篇小说集。

《喻世明言》记录了这样一则故事:仁宗时,有一四川籍秀才赵旭,赴京赶考。由于自幼饱读诗书,赵旭轻而易举地考取了第一名。宋仁宗召见,问之"何处人氏"、"作何题目"等,赵旭均能对答如流,无有差错。皇帝对其十分喜爱,唯有发现赵旭的试卷中有一个错字。于是,皇帝便问赵旭:"你的试卷中有个错字,'唯'字本是'口'旁,你为何写作'厶'旁啊?"赵旭

忙回答说这个字是通假字，两个字都可以用。仁宗听了很不高兴，命人取了文房四宝，写下几个字，递与赵旭说："既然通用，为何还有'去''吉'、'吴''矣'、'吕''台'之分呢？"赵旭思索半晌，找不出应对之词。仁宗便说："你还是回去好好读书吧！"赵旭也因这一字之差而落第，吁嗟涕泣，羞归故里，于是便在东京徘徊，以写些字画为生。

一年后，仁宗晚上梦见一金甲神人，坐驾太平车一辆，上载着九轮红日，下至内廷。翌日上朝与大臣说起此事，有位会占卜的太监说梦境乃是昭示着一个"旭"字，很可能是人名。如果皇帝想见到此人，只需扮作白衣秀士，私行街市，方可遇之。仁宗皇帝便于太监微服出行。二人来到城内最热闹的酒楼樊楼，仁宗皇帝手拿一把月样白梨玉柄折扇，倚着栏杆看街。他

不时地用扇柄敲打楹联，一不小心折扇就掉到了楼下。派人下去寻找，却找不到了。太监奉命算上一卦，告诉仁宗不要着急，此扇今日便可重见。

后二人行至状元坊，有座茶肆，便走进吃茶。刚坐下，便见白壁之上，有词二首，句语清佳，字画精壮，后写："锦里秀才赵旭作。"仁宗失惊道："莫非此人便是？"太监便唤茶博士问来作者的身份，于是请了秀才前来，但见秀才从袖中取出那柄折扇，上有新诗一首："屈曲交枝翠色苍，困龙未际土中藏。他时若得风云会，必作擎天白玉梁。"仁宗很高兴，于是差赵旭去成都，去当那制置的官差。所谓：相如持节仍归蜀，季子怀金又过周。

衣锦还乡从古有，何如茶肆遇宸游？

折扇与"二拍"——"'倒运汉'倒卖扇"

"二拍"指我国拟

话本小说集《初刻拍案惊奇》和《二刻拍案惊奇》的合称。在《初刻拍案惊奇》中，记载了明人画扇的故事：

　　明成化年间，苏州府长州县阊门外有一人，姓文名实，字若虚。生来心思慧巧，做着便能，学着便会。琴棋书画，吹弹歌舞，件件精通。一日，听人说北京扇子好卖，便做起扇子生意来。上等金面精巧的，先将礼物求了名人诗画，免不得是沈石出、文衡山、祝枝山拓了几笔。中等的，仿写了这几家字画，将假当真的买。下等的无金无字画，合个本钱。于是拣个日子装箱儿运到北京。不巧那年交夏以来日日阴雨不断，直到交秋早凉，天才放晴，寥寥几个人要买把苏州扇子。开箱一看，只得叫苦。原来经过雨湿之气，扇上胶墨黏在一起，揭不开了。只有下等没字白扇没坏。将就卖了做盘费回家，频年做事,大概如此。此人于是得一混名"倒运汉",可见无论做什么都要脚踏实地,专营取巧不可靠。

折扇与"红楼"——"红楼梦一场,扇画众生相"

《红楼梦》中有不少地方写到了折扇,如:第二十八回,贾宝玉在冯紫英家酒宴上初会名伶蒋玉菡,便"向袖中取出扇子,将一个玉扇坠解下来,递给琪官"为赠。而更精彩的是第三十一回的"撕扇子作千金一笑":端午佳节宝玉心中却闷闷不乐,不巧晴雯不慎又将扇子跌折,引起了宝玉、晴雯、袭人之间的一场舌战,最终以袭人跪下求央才算了结。晚间宝玉吃毕薛蟠宴请的酒席,踉跄回到自己院内,这时晴雯正在院中乘凉榻上休憩。说起早间因跌折扇子而争吵之事,"宝玉笑道:'你爱打就打,这些东西原不过是借人所用,你爱这样,我爱那样,各自性情不同。比如那扇子原是扇的,你要撕着玩也可以使得,只是不可生气时拿他出气。就如

杯盘，原是盛东西的，你喜听那一声响，就故意的碎了也可以使得，只是别在生气时拿他出气。这就是爱物了。'晴雯听了，笑道：'既这么说，你就拿了扇子来我撕，我最喜欢撕的。'"于是宝玉便把扇与她，而晴雯也果真撕了起来。"宝玉在旁笑着说：'响得好，再撕响些'……古人云，'千金难买一笑'，几把扇子能值几何！"这段因扇子而引起的描述，为读者刻画了两个具有独特性格的人物。贾宝玉"行为偏僻性乖张"，常能发人之所未言之语。他的这段关于"爱物"的议论，表现了他独特的人生哲学和个性特征；对于晴雯而言，作者借跌扇、撕扇，写出了她任性娇嗔、泼辣正直、敢作敢当，身列下陈而秉性刚烈的性情与品格。你看她撕得是何等的自然、何等的真实，毫无一丝矫揉造作。

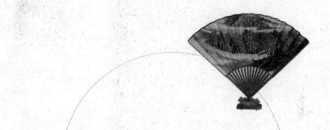

四、折扇的文化之二

"几股湘江龙骨瘦, 巧样翻腾,
叠作湘波皱"——生万象, 扬新风

（一）折扇与中国园林——扇形
建筑

在中国,"一条弧和经过这条弧两端
的两条半径所围成的图形"被命名为"扇
形"。据说, 当初这种数学图形传入我国

时，由于国人深爱折扇，于是就自然而然地将这种图像命名为"扇形"了。

翻开中国园林建筑的历史，我们不难发现，有较多的古典园林是扇形建筑的，如颐和园的"扬仁风"、北海公园的"延南薰"、苏州拙政园的"与谁同坐轩"等。这是因为扇能让人联想到风，意会到风。园林中如此突出"风"，其实和园主身份有极大的关联。中国园林的主人多是皇室、官宦或士大夫文人，他们深受中国儒家学说的熏陶和浸渍，以讲"仁"和"礼"为己任，以追慕"圣贤"为大道。因而

"风"在中国儒家经义中有着特殊的含义。园林中的建筑也因与"风"相关而有着特殊的文化意义。

在中国古代皇家园林造园时讲究

　　"一池三山"的造园模式，其实是封建帝王统治阶级追求"海上仙山"、"长生不老"、统治阶级的统治地位长盛不衰的体现，其所造的园采用的布局形式虽说是对统治阶级统治地位的巩固和为统治阶级提供一个骄奢享受的场所，但单纯从造园的角度讲，可以说其反映的也是一种造园"意境"。颐和园的"扬仁风"以及北海公园的"延南薰"把中国文人士大夫的"风"之韵味发挥得淋漓尽致。

颐和园中的"扬仁风"

扬仁风是乐寿堂的西跨院,始建于清代乾隆年间。它在园内北面的正中山坡上,是一座依主轴线沿自然山石逐渐抬高的扇形建筑。扬仁风的设计,主要是在"扇"和"风"两字上。它依山修建,整个是长方形,顶端的殿宇呈凹面状,好像一幅扇面,俗称"扇面殿";殿前地上有八条青石,算作扇骨,两样合起来,就是一把展开的折扇。前面是一处"一"状的假

山石，伸出一条小径，直插种成一圈的冬青，成个"中"字，小径终端又是一处假山石，傍临一个小水塘，成为"一"状；再加上砌成"几"字的围墙，凑出一个"風"（风）字。扬仁风殿名取《晋书·袁宏传》典故，相传袁宏出任东阳郡守，谢安以扇赠行，袁答曰："辄当奉扬仁风，慰彼黎庶"，意为将实施仁政以安抚百姓。

北海公园的"延南薰"

北海公园位于北京城的中心，有近千

年的历史，被誉为"世界上建园最早的皇城御园"，延南薰在北海琼华岛塔山的北面，亭子不大而控制性很强。它后背长，前脸窄，一共三间面积不大，而且亭子前边有一个月台，月台也像扇子逐渐缩窄，基本上是三角形的，形成了一个扇子的骨架，三角形上有扇子骨，是用石头镶嵌出来的，在扇子骨交叉的地方，有一个圆形的浮雕，就是扇子轴，因此延南薰又俗称"扇面亭"。延南薰样式古朴、位置安静，而且通过树的空隙，还能够看见五龙亭、太液池等景观，是一个很不错的赏景的地方以及修身养性的佳处。之所以取名为"延南薰"，据说是因为古代舜帝发明五弦琴，并谱写了"延南薰曲"。（《史记·乐书》"昔者舜作五弦之琴以歌南风"）《孔子家语·辩乐篇》中载

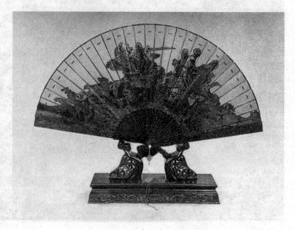

此歌："南风之薰兮，可以解吾民之愠兮。南风之时兮，可以阜吾民之财兮。"乾隆要传承和延展好传统，所以建延南薰亭以言志。

私家园林中扇形建筑的来历和命名与皇家园林中的有明显的不同。皇家园林多是体现皇帝和统治阶级勤政爱民、警戒后世"扬仁义之风"，主要侧重于"风"；而私家园林中的扇形建筑则着重体现出园主人孤高的品性和儒家思想对他的浸染，更加突出了"扇"。这一点在苏州拙政园的 "与谁同坐轩"中得到很好的体现。

苏州拙政园的"与谁同坐轩"

"与谁同坐轩"，为苏州园林拙政园

中一亭，筑于西园水中小岛的东南角，东南朝向，面对别有洞天的月洞门，背衬葱翠小山，前临碧波清池，环境十分幽美。其屋面、轩门、窗洞、石桌、石凳及轩顶、灯罩、墙上匾额、鹅颈椅、半栏均成扇面状，小巧精雅，别具一格，故又称作"扇亭"。与谁同坐轩的修建也有一个故事：清末，苏州吴县富商张履谦购得拙政园现在的西园，据说为了纪念祖先制扇起

家的历史，特斥资精心修建了这一扇形轩，张家后代也都爱扇成癖。其扇面两侧实墙上所开的两个扇形空窗一个对着倒影楼，另一个对着三十六鸳鸯馆，而后面面山的那一窗中又正好映入山上的笠亭，笠亭的顶盖又恰好配成一个完整的扇子。而此轩的命名则出自苏轼的词《点绛唇》"与谁同坐？明月、清风、我"，表现出园主人的高雅气质。

轩内扇形窗洞两旁悬挂着诗句联"江山如有待，花柳自无私"，出自唐杜甫《后游》诗，意为"美好的江山正等待着人们再度登临，花柳无私地呈现出它的色彩风姿"。江山、花柳，含情脉脉，期待着人们尽情观赏，这里作者采用了拟人化的手法，赋予江山、花柳等自然景物以人的思想情感，极富人情味。联语唤起人们热爱大自然的情趣，召唤人们去尽情地

捕捉自然美，欣赏自然美，从中获得美的享受和陶冶。

中国园林引得无数中外游人百看不厌，风景洵美故然是原因之一，但最主要的原因还在于中国园林的历史文化渊源。在中国的古典园林中，不管是皇家园林还是私家园林，这些以"扇"为主题的建筑都体现着中国深厚的文化，它们在一定程度上也影响了我国现在的一些建筑样式。人们常说折扇有着深厚的文化底蕴，是中华民族文化的一个组成部分。而从这些历史悠久的"扇形"建筑中可以想象得到，"扇"已深入到每个中国人的心中，凝成一股强劲的文化力量。

（二）折扇与中国功夫——太极功夫扇

何谓"太极"？

我国古代哲学家称最原始的混沌之气。谓太极运动而分化出阴阳，由阴阳而产生四时变化，继而出现各种自然现象，是宇宙万物之源。《易·系辞上》："易有太极，是生两仪，两仪生四象，四象生八卦。"孔颖达疏："太极谓天地未分之前，元气混而为一，即是太初、太一也。"

太极这一概念影响了儒学、道教等中华文化流派。《易纬乾凿度》和《列子》谈到太易、太始、太初、太素、太极宇宙五阶段说法。宋儒周敦颐在《太极图说》开篇就说："无极而太极。"这把《老子》中提到的"无极"一词注入了理学含义。也就把无极的概念与太极联系在一起。清代乾隆年间太医院汇编的《医宗金鉴》则采用了五阶段说法（聂文涛谈《周易》）："无极太虚气中理，太极太虚理中气。乘气动静生阴阳，阴阳之分为天

地。未有宇宙气生形，已有宇宙形寓气。从形究气曰阴阳，即气观理曰太极。"

太极拳

太极拳这种武术项目在我国有着悠久的历史。据说是武当道士张三丰创太极拳。南岳国师文进之编著的《太极拳剑推手各势详解》一书，在谈到太极拳的起源时有记："张三丰生于辽东懿州，身高七尺，能日行千里，洪武初，至蜀大和山修道，二十七年入湖北武当山诵经。一日，有鹊雀急呼于院中，张氏闻之，由窗中窥见树上有雀，其目下视，地下蟠有长蛇，其目仰视，二物相斗，历久不止，每当雀上下飞击长蛇时，蛇乃蜿蜒轻身摇首闪避，未被击中，张氏由此悟通太极以静制动、以柔克刚之理。"

太极拳形架之源，与道教科仪踏罡步斗极其相似，其间"禹步"之术是我国古老的养生术，道教法术中的禹步，即为今天的八卦步、太极圆环步的雏形。在太极拳中，借力打力，"四两拨千斤"，以柔克刚、以静制动，都来源于老庄哲学，故太极拳被称为"国粹"。

古传太极并无套路，原始骨架就是十三式，分别为定、进、退、顾、盼、棚、挒、挤、按、采、列、肘、靠十三字组成，它概括了太极拳的主要法则。太极拳的运动特点：中正安舒、轻灵圆活、松柔慢匀、开合有序、刚柔相济，动如"行云流水，连绵不断"这种运动即自然又高雅，可亲身体会到音乐的韵律，哲学的内涵，

美的造型, 诗的意境。在高级的享受中, 使疾病消失, 使身心健康。

太极功夫扇

太极功夫扇, 又称第一套太极功夫扇、52式太极功夫扇, 是北京老年体协为支持北京申办2008年奥运会, 大力开展老年的体育锻炼而创编的。该套路一经推出, 立即引起广大群众的强烈反响, 今已成为最受欢迎的太极健身项目。太极功夫扇使扇子的挥舞和太极的运动技巧灵活结合, 使武术动作与中国功夫和歌曲旋律巧妙结合, 糅合了不同流派的太极拳、太极剑动作, 以及快速有力的长拳、南拳、京剧舞蹈动作等等, 内容丰富新颖, 载歌载"武", 而且易学易练, 确定是中老年朋友陶冶情操、强身健体的首选。太极功夫扇吸取中华传统武术精华, 把太极拳的动作和不同风格的武术动作共熔一炉, 将扇子挥舞与太极运动技巧灵活结合。

（三）折扇与中国戏曲——扇子功

扇与戏曲渊源

"扇子功"，是中国戏曲运用道具进行虚拟表演的重要手法之一。也就是说，扇子是在舞台上不可缺少的传神之物。扇功在很多剧种里是演员必须掌握的艺术技巧。譬如说折扇，演员在舞台上用它表现的地方就十分丰富，它可以代表马鞭、刀枪等道具，也可以变成毛笔挥毫。把扇子摊开，则可当做书信来读；把它放在肩头，则变成扁担；用手一托又成为茶盘；小小折扇，看来简直瞬息万变，奇妙无穷。总之，演员们根据剧中人物性格、出身、职业和习惯及角色行当的特征而设

计出各种"扇法"，均有一定的规范和章法，基本动作有挥、转、托、夹、合、遮、扑、抖、抛等。通过这些动作的组合，配合身段，衍化出各种舞姿，以表现和刻画人物性格。

用扇程式化

在戏曲表演艺术中，生旦净丑行当各异，文戏、武戏亦有不同，故使用扇子的式样、长短、色彩也各有不同。折扇在戏曲中的运用不但非常普及，而且动作颇为讲究，如文生扇胸，花脸扇肚，小生不过唇，黑净到头顶，丑扇目，旦掩口，媒婆扇两肩，僧道扇衣袖等等，都有一定之规。

文生以扇尽展其潇洒——生角中的小生戏中，专有"扇子生"这一行，一般都是扮相知书达理、文质彬彬的儒雅书生。可谓"小生执扇，微微拂拂以寄情怀"。如《拾玉镯》中的傅朋、《红娘》中的张生等，一扇在手，便风度翩翩。在《拾玉镯》

剧中,傅朋偶遇孙玉姣,三次对面,每次
开扇的幅度不同,先略展,再半展,后全
展,有层次地展现了傅朋心中的爱意。
《三堂会审》中,王金龙手中的折扇充分
运用展、遮、扬、翻、合等手法,来表达
丰富的剧情。剧中王金龙三次挥扇,遮掩
他的窘态,显示了舞台上扇子的特有功
能。

　　旦角以扇掩饰其娇
羞——花旦使用小巧带有色
彩的折扇,用以撒娇,掩蔽
丑态之用。旦角用扇子的人
物多为宫中嫔妃、大家闺秀,
她们用折扇展示心灵深处情
感的节奏,如《贵妃醉酒》
中的杨玉环、《游园惊梦》中
的杜丽娘等;当醉态朦胧的
杨贵妃出现在舞台上,手执
轻盈的花扇在一撒一抖中把
杨贵妃的的醉意演得微妙入

神，淋漓尽致。而较著名的《晴雯撕扇》、《桃花扇》中，旦角更是用一把折扇展开主要情节，一扇不仅能成剧，说它可以体现历史的兴亡也不为过。

花脸以扇平添其威武——净角大花脸使用的折扇一般稍大，有的角色还用长逾两尺的特大折扇，如《艳阳楼》中的高登、《溪皇庄》中的花得雷等。他们的大折扇上画有大朵牡丹，既表现出了权势者的气派，又暗示了他们喜爱女色。几年前，曾见"新苗奖"全国少儿京剧邀请赛一等奖得主、14岁的王玺龙演的《艳阳楼》选场，人小扇大，照样开合自如，

得心应手，生动地表现了人物飞扬跋扈、不可一世的傲慢神情。

丑角以扇更逞其滑稽——丑角小花脸也有用折扇的，特别是"方巾丑"和"袍带丑"，前者如《乌龙院》中的张文

远，后者如《升官记》中的徐九经。少数用大折扇的丑角也不是好人，《打渔杀家》的教师爷是狗仗人势的奴才；《四进士》的刘二混是强抢民女的流氓。京剧名丑朱世慧在新编戏

《法门寺众生相》中扮演的贾桂，一人前后使用两种不同大小的折扇（小的仅如巴掌），来表现人物对上谄媚、对下欺压两副嘴脸的丑态，入木三分。武丑行有的用稍小些的黑面折扇，如《三岔口》的刘利华等。《巴骆和》的胡理还有在手指间耍扇的表演，以表现人物的机智、狂野。优秀豫剧演员牛得草，在《七品芝麻官》里，用折叠扇表演出三十多种姿态，给全剧增添了跌宕起伏的艺术效果。

主题"扇戏"

与扇子相关为主题的戏曲也有很

多，以前专门以扇子为剧情的戏，如梅派早年名剧《晴雯撕扇》的全部情节就是围绕一把扇子展开的。至于《桃花扇》，更是以扇为戏，"桃花扇送抵南朝"，一把扇子体现了历史兴亡。另外，还有很多戏曲其中就包括扇子的情节，譬如说：《秦香莲》中的王延龄在陈世美不认香莲后，就把自己的折扇交给香莲，要她去开封府告状；《乌龙院·刘唐下书》中，宋江把折扇交给送信来的刘唐带回梁山以作回信；《审头刺汤》中，陆炳在大堂上打开写有"刺"字的扇面，向雪艳暗示："对汤老爷要小心伺（刺）候"等等。

名家的"扇子功"

我国著名京剧表演艺术大师梅兰芳先生极其讲究"扇子功"。1930年，他演出《贵妃醉酒》前，派人赶到杭州，要王星记扇庄特制一柄折扇，扇骨必须用陈年的湘妃竹，扇面要裱褙上金箔，并以"杭画"笔法绘上色调浓艳的牡丹，"扇钉"须用坚韧的牛角为料，使用次数再多，那折扇也要开合自如。此扇完工后，果然雍容华贵，为"贵妃"那娇柔的身段、华丽的服饰平添了几分妩媚。舞台上的梅兰芳，将此扇用得出神入化，连一些观众不太留意的细微之处，也运用得恰到好处。

如演到贵妃"把栏杆靠"这个动作时，只见他先用右手拇指和食指轻轻拈开扇子，然后缓缓伸过左手，将扇子徐徐展开，把贵妃醉态酣痴而又不失娇贵的神态，演得楚楚动人。事后有戏迷请教梅兰芳："如果仅用一只手将扇子打开行不行？"他连连摆手说："不行！若是用一只手将扇子使劲甩开更不行！这样用扇显得气派不大。"可见梅先生对扇子功

的钻研深厚。

　　我国著名越剧小生演员陆锦娟先生也是对"扇子功"痴迷的主儿。曾有人这样评论陆锦娟先生的扇子功,说:"水袖是陆先生的衣服,扇子则是陆先生的手足啊,衣服可以暂时挂起,手足是绝不能断的。"曾有越剧戏迷总结过陆先生在表演中所创的折扇表演程式,就有"波纹扇"、"背扇"、"遮盖扇"、"侧立扇"、"颈插扇"、"扇胸"、"抖扇"、"平端扇"、"肩托扇"、"翻腕耍扇"、"扇肚"、"收扇"等十余种程式;且每个程式都有一定的动作程序。但就"收扇"这一貌似简单的动作来说,就有如下讲究:"……右手的手腕从内往外并向下一甩,使扇叶按顺序往下收拢,最后右手腕往回突然一回抖,右手大拇指乘机将最后的大扇骨架往下一按,扇叶即全部收拢关好……'净'行用此法收扇时,因扇叶大不易收拢,左手可帮忙将最后的扇骨关好……

收扇时，手腕用力不可太猛，动作应自然
柔和，切忌将扇抖掉……"

（四）折扇与中国舞蹈——扇舞赏析

折扇也是舞蹈这种形体艺术的重要
元素。那一段段以扇为主要道具的舞蹈，
或优雅美好，或悲怆苍凉，诉说
着舞蹈表演艺术家及观舞人对
世界、生命及内在精神的感悟。
以彩绸或是羽毛为扇面的折扇
是人们常用的舞蹈扇；而在我国
各民族舞蹈、各地方性舞蹈，甚
至是各类别舞蹈中都能看到舞
蹈扇的身影。

少数民族的扇舞中，哈尼族
的扇舞是具有一定代表性的。它
是由哈尼祖先模仿鸟的各种形
态动作创编而成，舞蹈语汇丰富

多彩、舞姿造型优美，动作极富韵律美感。跳扇子是哈尼族丧葬礼俗活动中的主要内容之一，具有深遂的民族文化内涵。而地域性的民间舞蹈形式，要数秧歌舞，也称扭秧歌，是我国人民喜闻乐见、具有代表性的一种民间舞蹈，主要流行我国北方广大地区。扇子是秧歌舞中最常用的道具，试想,忙过农活,吃过晚饭的农民随手拿着两把扇子，来到广场上随众人而舞，是多么具有秧歌精神，多么快意快哉啊！

"丹青难写是精神"——古典舞独舞《扇舞丹青》

《扇舞丹青》出现在"第二届CCTV电视舞蹈大赛"中。借用一把可以延长手臂表现力的折扇，演绎了中华民族书法艺术的神韵之美，动态地展示了"纸上舞蹈"。表演者充分调动舞蹈肢体的表现力，透过扇子的舞蹈和肢体的扭转，如同在纸上飞腾狂草，那描绘丹青的一招一式，尽收眼底。在整个舞台上，营造出一种典雅、高贵、端庄，却又不乏刚劲、洒脱的中国传统书法、舞蹈的文化景象。将中国古典舞同中国传统书法文化、扇文化融为一体，真可谓"书中有舞，舞中有书"。

《扇舞丹青》是一个极富舞蹈本体特征的作品，表演者将中国古典舞的"拧、倾、圆、曲"的人形体态巧妙地运用在舞台上。通过快慢相宜、刚柔并济、错落有致的舞步与身体的舞动，将扇子与肢体动作的幅度、速度高度结合，将一个看似平常的舞蹈做到与书法、与绘画相媲美的境界。作品的魅力在于它打破了传统女子古典舞的阴柔为主的风格，作品中我们看到了许多刚强的气韵。在舞台上，我们看到，舞者以自己的身体为笔，

将舞台作纸, 在尽情地挥洒笔墨, 时而轻柔婉转, 时而刚劲有力, 一蹴而就, 颇有大书法家的气魄。

"傲然风骨, 铿锵族魂"——民族舞独舞《扇骨》

《扇骨》是"第七届桃李杯舞蹈比赛"中的作品。《扇骨》是一个朝鲜族类型的舞蹈, 整个舞蹈中讲究气息及韵律的运用, 讲究含蓄和内敛的收放, 既突出朝鲜族崇尚仙鹤的民族特性, 又突出朝鲜族坚忍自强的民族性格。

舞蹈刚开始, 舞者以标准的鲜族坐姿背坐在地板上, 长发束在脑后, 别一支玉色的长簪, 垂下长长的缨络, 白色的上衣, 窄窄的袖口……, 音乐静默了几秒钟, 仿佛时间都在为这女子停留。音乐响起, 低沉而又悠扬, 整首曲子是偏快的, 而在这里和整个舞蹈的风格浑然一体, 给人有一种仪式般的庄严。舞蹈在编排手法上很好地运用了现代风格的动作元素,将朝鲜族舞蹈重中之中的"气韵流向"展示得英气十足，舞者的动作张弛有度，收放自如，飘逸又英姿飒爽。

舞蹈《扇骨》表现的是朝鲜族女子坚韧不拔的的精神与内在的骨气。一把扇子，一个人，"一开一合之中，浸透世态炎凉；亦张亦弛之外，哪顾南北东西。"这把扇子可能代表着纪念或回忆，也可能代表着自己的艰辛历程，就在扇子的一开一合之中，总能感受到这是一个很有分量而又经历太多风雨的人。在《扇骨》的整个表演中，通过身体与扇子的抑、扬、顿、挫，完全陶醉于其中，就在这一舞一动之时，带着那份精神与骨气，不顾一切阻挠，不惧挫败，这就是这个舞蹈所要表现的精神。

"繁花点点 清香屡屡"——芭蕾群

舞《茉莉花》

　　第五届CCTV电视舞蹈大赛的《茉莉花》也是扇舞中的精品。芭蕾群舞作品《茉莉花》，正是以我国著名的民间小调《茉莉花》为背景音乐及表现主题。民歌小调《茉莉花》旋律委婉，波动流畅，感情细腻；通过赞美茉莉花，含蓄地表现了男女间淳朴柔美的感情。而舞蹈《茉莉花》最大的特色就是"三新"。

　　一是匠心独运的艺术形式新。将芭蕾舞的表现形式与民间小调结合，可谓中西合璧，创造出崭新的艺术效果。使观者既能感觉到芭蕾舞的高贵典雅，又能体会到民间舞的亲切随和。

　　二是画龙点睛的舞蹈编排新。编舞者充分运用扇子这一舞蹈道具，设计了多种舞蹈动作和表演阵形；既体现出茉莉花开一朵朵的个体之姿，又表现出茉莉花开群体的灿烂之美。尤其是开场时，伴随着音乐清新的叮咚声，一张张扇子在瞬间开合之际，将朵朵茉莉花的娇小可爱表现得淋漓尽致。

　　三是锦上添花的视觉效果新。舞者使用的扇面上撒上荧光，在舞台灯光的配合下产生不一样的视觉效果；舞者的服装不是通常的粉色系为主，而是采用绿色系，在舞步流动的过程中更是为观众带来一种清新脱俗之感。